頭皮がしみる、かゆいは危険信号！

髪ケア、白髪ケア

美容ジャーナリスト・毛髪診断士・毛髪技能士
伊熊奈美

はじめに

みなさん、はじめまして。私は大人世代向けの女性誌で、美容、特にヘアに関する記事の編集に長年携わってきました。

読者のみなさんと白髪ケアの話題になると、いつもこんな声が聞こえてきます。

・染めても染めても生えてくるから面倒……
・美容院でヘアカラーをするとき、いつも頭皮がピリピリするのを我慢しています
・根元を自分で染めたら、美容師さんに「やめて」といわれました
・知人がヘアカラーのアレルギーに。私も心配です
・いつかはグレイヘアでもいいけれど、今はできない……

今、この本をご覧いただいているあなたも、ご自身の白髪や髪の変化に関して、少なからずモヤモヤした気持ちを抱えていらっしゃるのではないでしょうか。

実は私自身もまったく同じ悩みをもっていました。20代後半から白髪が増え始め、36歳で出産した後は、産後の脱毛に加えて白髪も激増。仕事と家庭がどんなに忙しくても美容院に行って「この根元の白髪、リタッチお願いします！」とオーダーし、染まったらホッとする、その繰り返しでした。

やがて、認めたくありませんでしたが、どんなにいいシャンプーを使っても美容院で最新のトリートメントをしても、以前より早く髪がパサパサするようになってきました。そして、次第に襟足のあたりの頭皮が、染めている最中にしみるようになってきたのです。

それまでの私は、どこの美容院に行くかは気にしても、そこで行う施術はほとんどおまかせで、あまり深く考えていませんでした。

頭皮は顔と同じく、肌そのものです。体に属するものだから、その状態をよく知り、管理すべきなのは自分です。

なのに、このことについて一般の女性が理解しやすく、信頼できる情報がとても少ないことに驚きました。私たち自身がヘアカラーについての正しい知識を持たなければ、今後もずっと素敵な髪色を保ち続けたいと思っても、染めることに不安になってしまい、続けられません。それは、私たちにとっても美容院にとっても、もったいないことです。

そんなとき、公益社団法人日本毛髪科学協会の副理事長を務める東邦大学医療センター大森病院 皮膚科臨床教授の関東裕美《ひろみ》先生が、この分野への深い知見をお持ちだったことを思い出しました。詳しいお話を伺いたい旨を伝えたところ、二つ返事でご快諾くださいました。そのことが私にこの本を世に送り出す自信と勇気を与えてくれたのです。今、この場を借りて関東先生に心からの感謝をお伝えしたいと思います。

本書では、白髪の成り立ち、染毛剤とアレルギーのこと、そして白髪をカバーする染毛方法（美容院でのケアと自宅ケア）をなるべくわかりやすくまとめてみました。

くらしの中でだれもが無理なくできて、体にやさしく、できる限り長く続けられる、それでいて髪色も自然で、「素敵な髪」と褒められる……そんな白髪ケアの方法です。

雑誌などでは、断片的に書かれたりもしますが、何が問題で、どうすればいいのかなどを多角的にまとめたのは本書が初めてかと思います。

いくつになっても、女性は髪に自信がもてると、自分にも自信がつきます。今、白髪に悩むあなたが、この本を通してご自身の髪ときちんと向き合うきっかけとなれば幸いです。

目次

第3章 頭皮ファーストでも、ちゃんときれいなヘアカラーの選択肢

第5章 白髪を近づけない、ヘア習慣

カラー資料

第1章

白髪に
翻弄される
私たち

「白髪」はいつだって、髪悩みのナンバー1！

女性たるもの、黒髪への思いは尽きず……

みなさんが初めて自分の白髪を見つけたのは何歳頃でしたか？

私の場合は、28歳か29歳頃から白髪がポツポツ出てきました。その頃は茶髪にするのが流行していましたので、髪はいつも明るいブラウン系。やがて30代に入るとあっという間に本数が増え、髪のあっちこっちでキラキラしたものが交ざり、どうにも目立ちます。いつもお願いしている美容師に相談すると、

「そろそろ白髪染めがいいかもね」

そういって、なんだかシブい表紙の髪色見本を見せられました。私が初めて自らの老化を感じ、白髪に問題意識を持った瞬間です。

そのとき初めて、**ヘアカラーには「おしゃれ染め」と「白髪染め」がある**ことを知りました。

そして「白髪染め」の色見本から、いちばんおしゃれに見える明るい色を選んだはずなのに、みんなで写真を撮ると、私の髪だけ墨染めしたように暗ぼったいのです。ああ、しょせん私は白髪染めの女……。そんな後ろ向きな気分になっていました。

大人の女性誌の特集で、読者のみなさんに髪の悩みを聞いてみると、何度やってもトップは「白髪」、という結果が出ます。

ウィッグメーカーのアデランス

30〜70代女性の髪の老化の悩み１位は「白髪が増えた」

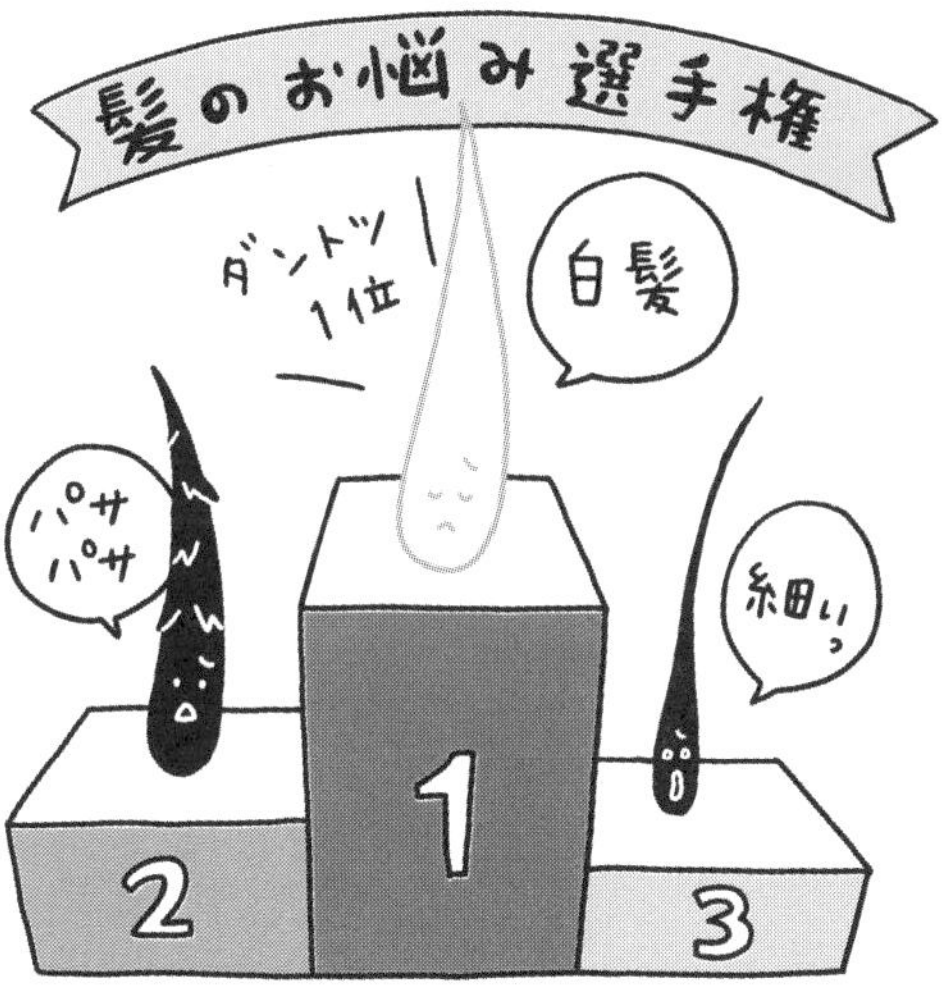

が2015年に30～70代の女性に「髪の老化の悩み」を聞いたアンケート結果でも、**「白髪」はすべての年代でナンバー1**でした。

その2年後に同社が行った「ヘアケアに関する意識調査」でも40・50・60代の髪悩みとして挙げられたのは、やはり「白髪」が第1位を総ナメしています。

そして、私もお仕事をさせていただいている、大人の美容・健康雑誌『マイエイジ』（集英社刊）が2019年に行ったアンケートでも、やっぱり髪悩みのナンバー1は「白髪」。**いつ、どこで、何回聞いてもこの結果。**それほどまでに、白髪のない髪への思いは深いのです……。

白髪があるだけで7歳老けた気持ちになる!?

ヘアカラーブランドのウエラでは、2017年に35～49歳の男女6000人を対象に白髪にまつわる心理を調査しています。**「白髪を見つけたとき、何歳くらい老けた気持ちになるか」という質問に対して、女性は平均で「6・9歳」。**また**「白髪がある**

と自分に自信が持てなくなる」という人は66・0%でした。

確かに、私も大切な外出の直前に白髪が目立つことに気づいてしまったらもう大変。マスカラで隠したり、まとめ髪の分け目の位置を変えたりと慌てて偽装工作に勤《いそ》しみ、白いものが見えなくなって初めて安心して出かけられるのです。

同性の白髪に対しても、厳しい視線が注がれています。同じくウエラのアンケートでは**「同年代の女性の白髪の有無をチェックするか」という項目があり、それには72・4%の女性がイエス**と答えています。

これって、頭のてっぺんに白いものが交じっていようものなら、「あ、あの人白髪がある！」と思われているということ！　思い起こせば、私も電車で座席の前に立ったときなど、目の前の女性の白髪をじっと見てしまうことは確かにあります。本人だって7歳も老けた気持ちになって落ち込んでいるのに、他人もそれに注目しているというのが白髪悩みのシビアなところです。

これがほかのエイジングサイン、たとえば顔の「ほうれい線」だったら、自分は気になっていたとしても、他人から「あの人、ほうれい線をあんなに出してる！」なんて思われることもなく、むしろ寛容に受け入れてもらえるはずです。なのに白髪については放置しておくと、自分も周囲も心落ち着かず、ざわついてしまう……。

だから私たちは、白髪ケアを繰り返さざるをえなくなってしまいます。こんな風に**女性のメンタルまで翻弄する白髪**。不動の髪悩みトップ1、というのは当然の結果なのかもしれません。

繰り返す白髪染めにみんながモヤモヤ

白髪が増えてくると、新たに根元から伸びてくる白髪を染めることがルーティンになってきます。よく耳にするのは、これ

ルーティン化する白髪染めに
不安も募る

を何度も続けているとモヤモヤとした不安や煩《わずら》わしさが募ってくるということ。たとえばこんな声です。

【面倒・費用でモヤモヤ】

●白髪が増えるスピードが早い（44歳・アパレル関係）

最初は2か月に1回だったのが、そのうち1か月半に1回、1か月に1回、今や3週間に1回。最近は、リタッチ専用の美容院も利用するようになりました。白髪があるとまったくおしゃれに見えないのでやめたくてもやめられない。忙しいのに面倒だし、お金もかかる。この増え方だと、今後ますます頻繁に通わなくちゃいけないの？

【アレルギーが心配でモヤモヤ】

●ヘアカラーをするとピリピリしてかゆみが……（47歳・事務職）

ヘアカラーの最中にだんだんかゆくなってくるので、美容師さんに事前に頭皮の保護剤を塗ってもらっています。それでもやっぱり違和感があるし、これ以上いったら染めてくれなくなりそうなので我慢しています。最近、知人がヘアカラーでアレルギー

になって顔が腫れてしまった話を聞きました。私もなったらどうしよう……。

【薄毛になりそうでモヤモヤ】

●髪がふわふわ頼りないけれど、このまま染めていていいの？（57歳・主婦）

若い頃と髪質が変わってきました。いつの間にかくせ毛になり、髪はパサつき、コシがなく、毛量も減って地肌が透けています。いつも美容院で染めているし、ヘアカラーの後は、ヘッドスパ（頭皮クレンジングやマッサージなどのメニュー）やトリートメントもしているのに。こんな状態でもヘアカラーを続けていいのでしょうか？

【次の美容院までのつなぎでモヤモヤ】

●自分で染めると美容師さんに嫌がられる（48歳・スポーツジム受付）

美容院に行くのはおよそ1か月に1度。**3週目から最後の1週間を乗り切るのが大変です**。分け目の白髪が目立つので、以前ホームカラーで染めたら、美容師さんにイヤな顔をされました。この美容師さんに嫌われたくないから、**白髪用コンシーラーでごまかしている**けど、仕上がりは不満。この期間を乗り切るにはどうしたらいい？

【染める以外の方法が見つからなくてモヤモヤ】

●ヘアカラートリートメントできれいに染める方法は？（58歳・主婦）

自宅染めに切り替え、徐々に染まると書かれているヘアカラートリートメントをやってみましたが、ちゃんと染まりません。**ホームカラー（自宅でやる白髪染め）は髪が傷むと聞くし、何を使って染めればいいのでしょうか？**

白髪がない頃、おしゃれのためにするヘアカラーは楽しかったはずです。でも白髪が増えるにつれ、いつの間にか**追われるように染めるようになり、ヘアカラーは半ば義務感で行うものに**なっていきます。単に面倒でお金がかかるだけでなく、健康や将来の髪への不安がいっぱい……私たちのモヤモヤした気持ちの積み重ねから、ついに**新しい白髪への考え方が注目される**ようになりました。

グレイヘアは本当に「楽」なのでしょうか？

ありのままの自然体では叶わない、グレイヘア

2018年の流行語大賞に、女性の髪に関するワード「グレイヘア」がノミネートされました。**白髪をあえて染めず、自然のままでいる**というスタイルのことです。

それまで、そこそこ若いのに、白髪を染めていないのは、少しだらしない人か、個性的なクリエイターやおしゃれセレブか、の二極化状態でした。だから、そのどちらにも属さないほとんどの女性はちょっと根元に白髪が見えると「染めなくては！」と義務感に駆られ、慌てて対策する「染め疲れ」の心境になってしまうのです。

でも、この流行で「**染めないグレイヘアも一般的なおしゃれのひとつ**」という選択肢が増えたのは、本当にうれしいことです。染めた部分が全部カットできるのを待つ、

移行期の〝みそぎ〟さえすませれば、白髪でも意気揚々と大手をふって歩けます。雑誌のパリスナップで見るグレイヘアマダムのように、日本もいよいよ、大人の女性の美しさを認めてくれる人が増えたのかなぁと思います。

でも、頭皮や髪の健康のためというより、**単に染めるのが面倒だからグレイヘアにする、というなら、その前に少しだけご検討を。**グレイヘアにしたら、**足の先まで全身をトータルに整える努力**をしないと、たとえば、50代を目前にグレイヘア宣言をしたフリーアナウンサー・近藤サトさんのように素敵には見えません。

理想のグレイヘアを手に入れる、6つのポイント

流行のグレイヘアですが、実は染めている以上に、メイクや服など身だしなみに手間と工夫と投資が必要ともいえます。素敵に見せるポイントは6つあると思います。

①白髪の黄ばみを解消して、クリアな上質感を

まず、美容院に定期的に通って、色のメンテナンスをする必要があります。最も大

切なケアのしどころは白髪の黄ばみ。一見真っ白に見える白髪ですが、**日本人の白髪はメラニンの影響で大抵黄みが残っていることが多い**のです。この黄ばみがあると、その人全体を包むオーラまで古ぼけて見えて、清潔感が失われてしまいます。

黄ばみをクリアにするには、美容院でトナーという薬剤を使って均一にする必要があります。また日々のケアでも、黄色の補色である紫色のシャンプーを使って、常に黄ばみを抑えておきましょう。

②うねりやすい白髪。グレイヘアはツヤが必須

髪質も重要です。白髪は毛髪の内部成分が偏っていたり、水分自体も不足していたりするので、うねった毛であることが多いものです。ごわつきやすく、まとまりが悪くてツヤがないのに、美容院にも行かずに伸ばしっぱなしでは、それこそ、どこかの山から降りてきたヤマンバになってしまいます。**トリートメントで髪を保湿・補修したり、ブローをしたり**して、きちんと手をかけましょう。

③ボリューム感を演出するヘアスタイルを

40代以上の髪悩みに「ボリュームがない」ということもよく挙げられますが、**グレイヘアこそ、毛量が少ないと貧相に見えてしまいます**。分け目や頭頂はどうしても髪が細くなり、立ち上がりがペタンとつぶれて地肌が透けがち。**美容院のヘッドスパなどで定期的に毛穴の汚れを取り、マッサージをする**など、ケアを心がけたいものです。

白髪が多い人は、髪が硬く毛量のある人が多いといわれますが、40代以上になると髪の多い人でも、横には広がって多い割に頭頂がペタンとしている、ということもあります。

タテにも横にも毛量がたっぷりある人なら、どんな髪型も楽しめますが、毛量が少なかったり、トップのペタンコが気になるなら、**マッシュショートやグラデーションの入ったショートボブが王道**です。髪型全体のシルエットがひし形になると、トップもボリュームアップして見えるので覚えておきましょう。

④ボブ？　ロング？　清潔感が決め手に

さらにグレイヘアは長さも重要。ダウンスタイルにしたいのなら、長くても肩ラインのボブまで。それ以上に長い場合は**基本的にはまとめ髪がおすすめ**です。

フランス在住のファッションデザイナー・島田順子さんのように頭の高い位置に大きなおだんごを作ってまとめておけば素敵ですが、ロングのグレイヘアでダウンスタイルとなると完璧なブローをしても、清潔感が出づらく、なぜか**顔のしわやたるみなどのエイジングサインに目がいってしまいがち**。難易度が高いので注意しましょう。

⑤信頼できる美容院を見つける

カラーをしていない分、パーマは積極的に取り入れてもいいのですが、白髪はパーマがかかりにくいため、強めの薬剤を使うことがあります。髪の傷みが気になってカラーをやめたのに、パーマで髪が硬くなったり、傷んでしまったら意味がありません。

だからこそ、**グレイヘアの扱いが得意な信頼できる美容師に頼むことも大切**。実はグレイヘアに理解のある美容院を見つけることもなかなか大変です。美容院はどちらかといえば、染めるほうが得意なところが多いからです。

⑥トータルの雰囲気美人づくりがカギ!

最大の難関はファッションを含めた全体の雰囲気づくりです。グレイヘアになると、染めていたときと同じ感覚で服を選んでいると十中八九、年齢以上に老けて見えます。一方、クリアなグレイヘアなら、赤や黄色、パステルトーンなど明るい色の服が似合うようになります。全身黒でパキッとさせてもモード感があって素敵です。

真っ赤な口紅と縁が際立つメガネなどを取り入れればアーティスティックな雰囲気にもなります。要は**「ちょっとしたインパクト」と「上質な素材感」**が必要なのです。

一方で難易度が高いのは素朴なナチュラル系スタイル。綿やリネンなどの服は、きちんとデザインされたものでないと、ラフな素材感に引きずられ、顔色もくすんで見えてしまいがちです。また気軽に着られるファストファッションも、仕立てが甘いものは安っぽく見えてしまうでしょう。口紅も、ベージュピンクなどの「安心色」は少し野暮に見えるかもしれません。

装うことが大好きで投資を惜しまない人なら、グレイヘアは大人っぽく、個性的な雰囲気で素敵です。でも、常にヘアもメイクも服もある程度は〝きめ尽くし〟でいないと、清潔感がなくなり、ほっこりおばあちゃんに見えかねません。ご近所服でカジュアルなライフスタイルがメインなら、**グレイヘアにしたときのファッションをシミュレーションして**、毎日のくらしにそれがフィットするか、少し考えてみましょう。

グレイヘアは全体の
雰囲気づくりが大切

年をとるほど、ますます髪が重要な理由

年齢を重ねるほど、髪はあなたの美意識そのもの

「見た目の7割は髪で決まる」という言葉を女性誌などでよく見かけます。それほど顔の額縁である髪型、髪の状態が重要ということですが、**年齢を重ねるほどその比率がジワリと上がっていく**ような気がします。

それは、肌と髪のバランスに関係があります。

年をとればとるほど、肌は透明感が薄れ、くすみやすくなってきます。顔色がくすむと、いいことは何もないような気がしますが、ひとつだけうれしいことがあります。**ジュエリーがぐっと肌映えするようになる**ことです。

私はファッション誌に携わっているにもかかわらず、昔から服はおしゃれに見える

ものを安く買うタイプでした。H&Mもなく、ユニクロもメジャーでなかった頃は、自分のワードローブの半分は「しまむら」でしたし、婚約指輪すら「それより旅行を！」と断った現実的な人間です。

でも、40歳になる頃、同じ年齢の女性誌編集者が手元につけていたダイヤモンドのファッションリングがあまりにまぶしい輝きを放っていて、彼女の手元がとても素敵に見えました。その場でちょっと借りてみると、子供がまだ小さくてネイルが素のままだったにもかかわらず、私の黒く節ばんだ指先（私はかなりの地黒です）が、驚くほど美しく見えたのです。それはまるでイタリアのバカンス好きなマダムのよう！単なる地黒に年齢ぐすみが加わった自分の肌が、です。

と、前置きが長くなりましたが、**大人にとって艶やかで美しい髪は、そんなジュエリーに似ています**。若ければ、仮に髪がパサパサで傷んでいても、発光するようなみずみずしい肌とのアンバランスさが逆におしゃれでかわいく見えます。全体が白髪のように明るいシルバーヘアや、ダメージ感があるドライな質感ですら「あえて」に見える、若さの特権です。

40代、50代、そして60代になって肌のハリや透明感が失われているところに、同じようにパサパサと白茶けて、白髪が不規則に交じった髪を持ってきたらどうでしょう。白髪とパサつきがくすんだ肌と完全にシンクロしてフィットしてしまい、**いとも簡単に、貧相なおばさんができ上がります。**

大人のツヤ美髪は、自信を与えてくれる自前のジュエリー

では、肌は少々くすんでいるけれど、ツヤがあって、ボリュームのある髪を持ってきたら……？　肌と髪のアンバランスさで若い人が逆にかわいくなったように、大人も頭から全身が輝きのオーラに包まれて一気に素敵なマダムと化します。

同窓会でひとりだけ時が止まっている人は、もしかしたら何かの美容医療をやっているかもしれませんが、同時に髪も美しいはずです。

その大切な〝自前のジュエリー〟にどんな輝きを持たせるかの選択肢は、昔に比べ

てずっと増えましたし、身近になりました。白髪染めといっても、ホームカラーですら、最近では「明るい白髪染め」が流行になっていて、昔のようにただのっぺりとした暗い色だけではなくなってきています。

でもやはりハイスピードで増えていく白髪に合わせて染め続けていると、大人の髪は脆《もろ》く、髪の内部成分が抜けて空洞化します。するとどんなにトリートメントをしても、すぐに色が抜けてしまうようになりますし、頭皮の問題で、ある日から突然染められなくなることだってあります。

それは私たちの〝自前のジュエリー〟に輝きがなくなるタイムアウトでもあるのです。その先にウイッグがあるとはいっても、やっぱり自前の喜びにはかないません。長い目で、自分が続けられる白髪ケアを見つけることが、自前のジュエリーを死守するために急がれます。

髪のエイジングの幕開けが、白髪

女性ホルモンの低下が、白髪に拍車をかける

「女性は7の倍数で体調が変化する」といっていたのは薬用酒のCM。28・35・42・49歳……。確かに私たちはその年齢で、見た目も体も節目を迎えているのかもしれません。

白髪が生える平均年齢は何歳くらいなのでしょうか？　2014年の花王の調べによると、**白髪が出始める人が半数以上になるのは30代後半**というデータがあります。ほかの機関の調査でもだいたい同じような結果が出ていて、35歳くらいから増えるようです。

恐らく、**髪の曲がり角は35歳**です。この世代特有の忙しさも拍車をかけます。妊娠・

出産の真っ最中の人、まだ小さい子供のワンオペ育児で毎日がへとへとの人、仕事で責任ある立場にいる人はもちろん、家庭と仕事の両立でバタバタ忙しくしている人もいるでしょう。そんな風に**自律神経が常に緊張状態にあるところに、女性ホルモンの分泌量が下降ラインに入っていく年齢を迎えます。**

このホルモンのゆらぎが頭皮に影響するのは大いに考えられます。生活環境的にも、メンタル的にも、そして体の内側からも、白髪につながる要素に次から次へと襲われる30代！　結果、白髪の増加につながると考えられます。

あなたはどれくらい白髪がありますか？

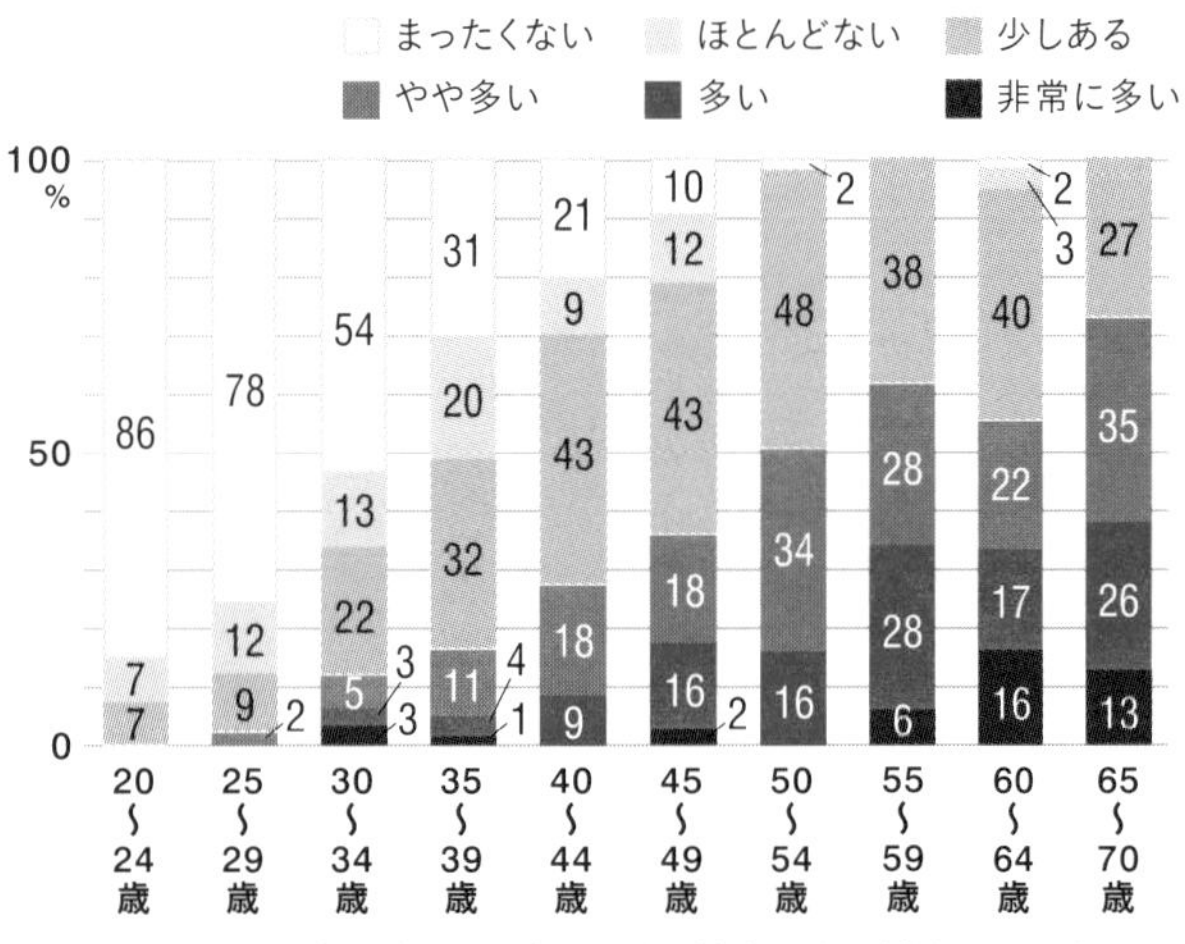

花王調べ　調査対象：首都圏在住／12〜69歳女性／643人　実施期間：2014年5月

白髪が治っちゃう薬、研究は進んでいる!?

「白髪」「薄毛（細毛）」「うねり毛」。大人の女性誌のヘアケア特集はこれが3大テーマです。なかでも、医療的な治療法として最も進んでいるのは薄毛分野。男性の薄毛悩みは昔からありましたので、女性に応用できる部分が少なからずあるからでしょう。

以前、皮膚科の先生に、薄毛のように白髪も薬や治療で治せませんか、とたずねたところ、

「再生医療の研究レベルでは進んでいるようですが、**実用レベルでは白髪を治すことだけに特化した薬や治療は今のところほとんどありません。**育毛や発毛の治療の中で、白髪にも有効といわれるものはありますよ」

とのお話。髪のことでクリニックに行こう、とまで思い立たれる人は、脱毛や薄毛の悩みが多いからでしょう。でも、白髪というサブ的な効果を見込んでの育毛治療となると、費用対効果はやや疑問なので、よほどモチベーションが高くないと続けるの

は難しそうです。

皮膚は生きた細胞ですし、円形脱毛症などの脱毛となればれっきとした病気です。だからこそ、医療の分野で研究が進み、それに伴って美容も進化してきました。

毛髪自体は肌の角質の一部です。表皮に出た瞬間「死んだ細胞」という扱いになり、かなり極端にいえば垢《あか》と似た類のもの。**死んでいる髪が白くてもそこから病気になりはしないし、問題は単に見た目だけ**。それに、染めるという方法だってある（ちなみに日本では明治時代から白髪染めが一般的になり始めました）。だから白髪の研究は少し前まであまり進まなかったというのも、仕方がないことかもしれません。

白髪になってしまうのはなぜ？

生まれたての髪、実はみんな白髪です

白髪の研究がぐんと進んだのは、つい最近のことです。２００２年に、日本の研究者によって毛髪の色素の幹細胞が発見され、さらに**２０１１年には色素幹細胞が維持できないことで起こる白髪と脱毛のメカニズムが解き明かされました。**

髪が黒いのは、日焼けすると黒くなったり、シミになったりする「メラニン色素」が含ま

毛髪の生まれ変わり（ヘアサイクル）

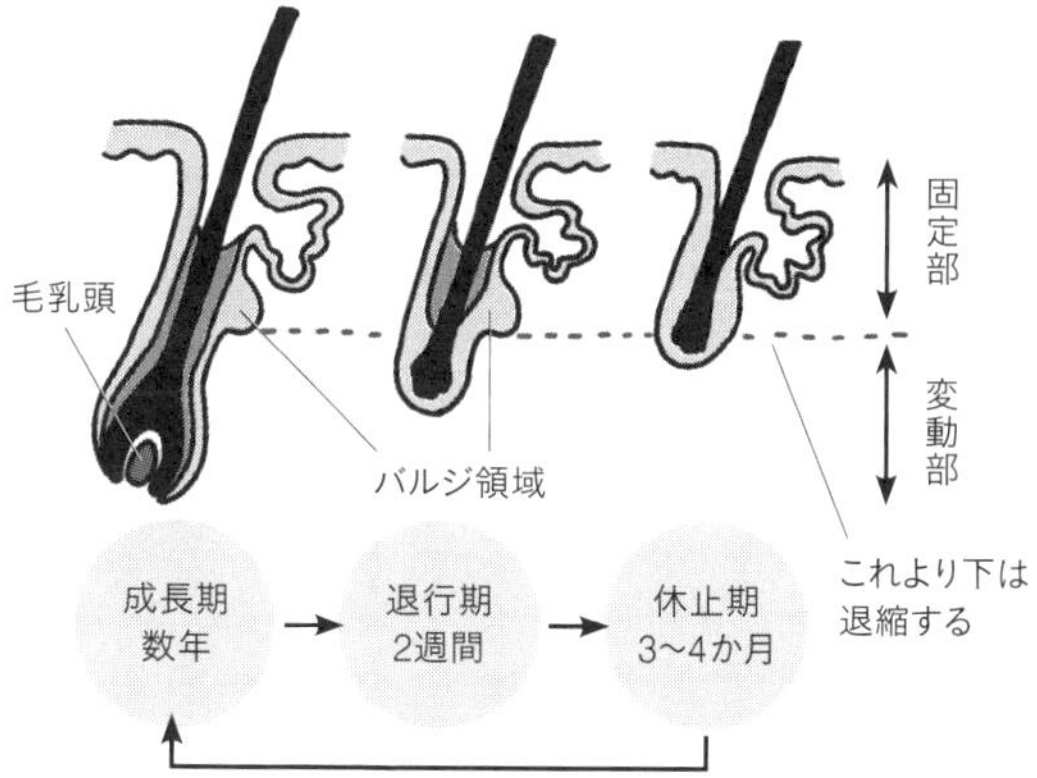

参考／『あたらしい皮膚科学』第3版 清水宏著（中山書店）

れているから。メラニン色素は「メラノサイト」という色素細胞から生まれますが、その大もとが「色素幹細胞」です。一方で毛のもとになる細胞は「毛包幹細胞」といいます。ふたつの幹細胞は毛包の中ほどにある「バルジ領域」にあり、それぞれが細胞分裂して、毛を作るもとを根元のほうへ送ります。**つまり髪は白い髪と黒い色素の組み合わせでできているのです。**

たとえば、こんなイメージです。ふたりの幹細胞は、毛が成長を始める前はいつも一緒にいます。「毛包幹細胞」が、眠っている「色素幹細胞」に寝床を提供しているような状態です（P37・下）。「毛包幹細胞」は毛包を生み出していて、「色素幹細胞」も少しずつ起きて色素細胞を出す準備をしています。

髪は常に、成長期・退行期・休止期を繰り返して生まれ変わっています（P35・イラスト）。この循環で毛包幹細胞によって生み出された毛包は、休止期には縮み、成長期には太くなって下方に潜っていきます。その際に、色素幹細胞から生まれた色素細胞が、毛包の根元のほうに一緒に運ばれて定着し、そこからメラニンを生成して髪を黒く色づけるのです（P37・上）。**白髪になるのは加齢などの影響で「色素幹細胞」の働きが維持できなくなると起こります。**「毛包幹細胞」が毛包を伸ばしているのに、「色素幹細胞」は色素細胞を送らなくなってしまうのです。すると、色のついていない毛、すなわち白髪が生えてしま

白髪のでき方・
メラニンが受け渡されるしくみ

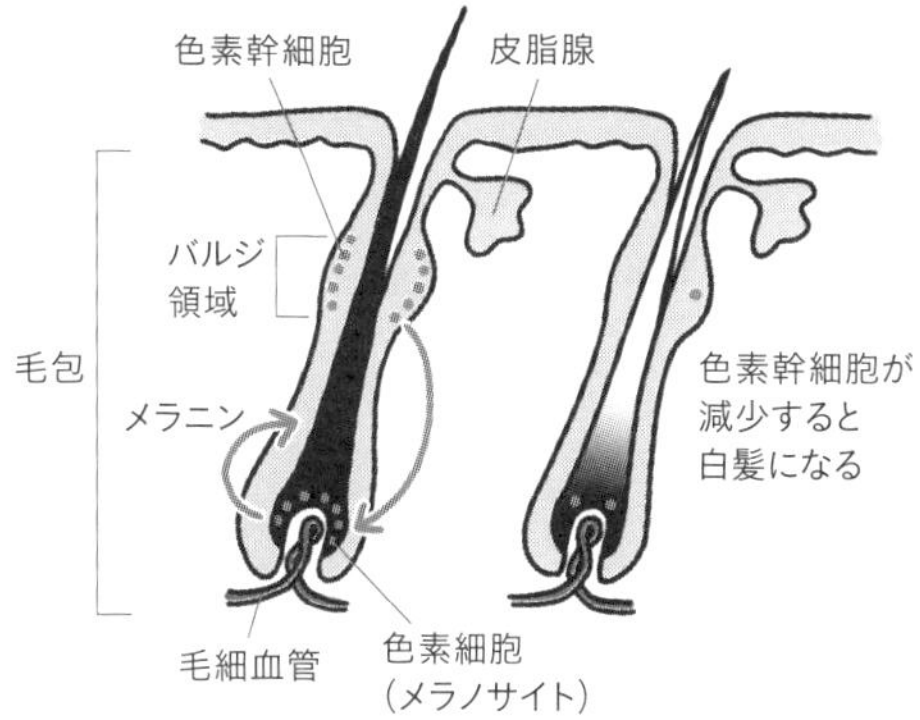

参考／『やさしくわかる！ 毛髪医療最前線』
毛髪医療特別取材班 著（朝日新聞出版）

毛包幹細胞と色素幹細胞の関係
（イメージ）

うのです。

白髪だけじゃない、薄毛も引き起こす7大原因！

白髪も薄毛も、基本的には**体の内側と頭皮、両方の問題です。健康な体と頭皮が揃《そろ》っての美髪です。**予防のためには、代謝をよくし、同時に頭皮という土壌の環境を整えることが必要です。

染めて今すぐカバーするだけでなく、長期の対策も同時に行うと、今まで何もやっていなかった人ほど、わかりやすく髪が変わります。

白髪の原因…①遺伝

薄毛もそうですが、白髪も同じく遺伝の影響は少なからずあります。でもあきらめない！　なぜなら**ご両親の時代は、頭皮ケアなんて言葉もヘッドスパもなかった時代。**毎日使うシャンプーも、今とは格段に質が違います。環境要因を改善したり、ケアを続けたりすることで、ある程度挽回できている人はたくさんいます。

白髪の原因…②活性酸素

白髪は、なぜか分け目に多いと思いませんか？　その理由は、紫外線が多く当たるところだからです。紫外線が当たれば発生するのは、老化の原因といわれる活性酸素。つまり、分け目に酸化が起きているのです。それが色素幹細胞や毛包幹細胞にダメージを負わせます。また分け目が広がる原因にもなります。

白髪の原因…③血液と栄養

女性の場合は、生理によって血液を排出するので、圧倒的に鉄分が不足しがちです。鉄分は血液を作るのに重要なミネラルのひとつ。東洋医学では、**髪は「血余《けつよ》」というように、血が余るほどあって初めて髪に豊かな栄養が行き渡るといわれています。**そのほかの必要な栄養については、第5章で詳しく紹介します。

白髪の原因…④血流と代謝

加齢による巡りの悪さも白髪や薄毛の原因になります。髪一本一本へとつながる毛細血管へ血液が送られなければ、毛は育ちません。

なお、**肌のターンオーバー（新陳代謝）も鈍ってきます。**肌の内側で生まれた細胞が、垢となって剝がれ落ちるまで約28日といわれていますが、これは20代前半の健康な女性の場合のこと。女性のターンオーバー周期は、年齢×1・5〜2といわれています。40代で約60日、50代で約75日と、どんどんその期間が長くなっていくのです。

白髪の原因…⑤ストレス

私たちの日常は小さなストレスだらけ。するとストレスホルモンのコルチゾールが分泌され、自律神経が緊張状態におかれます。**常に緊張を強いられていると、呼吸も浅くなり、血液に十分な酸素が送られなくなり、血流が悪くなってしまいます。**

また、**慢性的な肩こりも頭部への血流を妨げます。**

白髪の原因…⑥女性ホルモン値の減少

活性酸素と戦う抗酸化成分は、ポリフェノールやビタミンA・C・Eが有名ですが、これらを意識して摂っていても**40代くらいから抗酸化力は衰えやすくなります。というのも、抗酸化物質でもある、女性ホルモンのエストロゲンの分泌量が減少するから**

です。

また、もうひとつの女性ホルモンの代表、**プロゲステロンは、30代くらいから先行して減少が始まります。**こちらは髪の成長に関わりのあるホルモンなので、薄毛や脱毛の原因になります。30代後半から髪がペタンとする、ボリュームがないというお悩みが一気に増えるのですが、ここに関連しているのかもしれません。

白髪の原因…⑦頻繁すぎるヘアカラー

ヘアカラーを頻繁に行うと白髪を増やす原因になります。「根元のリタッチだけなら大丈夫ですよね？」という声もよく聞こえてきますが、それはあくまでも髪を傷ませないための対処法です。

詳しくは後述しますが、一般的なアルカリカラー剤で2〜3週間おきでリタッチしていたら要注意。アルカリ性のヘアカラーによって、頭皮は乾燥します。その頭皮へのストレスは肌のターンオーバーにつき1回程度に抑えたいので、**カラーとカラーの間隔は最低でも2か月くらいあけて行いたいものです。**

ヘアカラーの「長もち3か条」で染める回数を減らす

傷めば傷むほど、髪もカラーも短命になる

新しく生える根元の白髪はその都度ケアするとしても、**一度染めた髪がずっときれいなら、染める頻度を減らせます**。そのためには、まずは髪を傷ませないこと。詳しくは後述しますが、一般的なカラー剤に含まれるアルカリ剤は、キューティクルを開くと同時に、髪の外側の天然の保護膜も失わせてしまうので、そこから内部成分が流出し、内側がスカスカの空洞化状態になりやすいのです。このヘアカラーの「長もち3か条」を意識すれば、1か月後の髪の状態は格段に変わるはずです。

①カラーした日は自宅で髪を洗わない

染めたては染料がまだ不安定な状態です。**髪の内部に定着するのに、まる1日はかかります。**染めた当日は洗わないことを前提に、美容院でのヘアカラーとヘッドスパをセットにすると、翌日も快適に過ごせます。

②7〜10日はカラーヘア専用のシャンプーを使う

カラーヘア用シャンプー・トリートメントには、**頭皮と髪を弱酸性に戻す機能をもつものが多くあります。**ヘアカラーのアルカリ剤でアルカリ性に傾いた髪と頭皮を、なるべく早く弱酸性に戻し、キューティクルを引き締めましょう。

カラーヘア用シャンプー&トリートメント

ヘアカラー後のキューティクルをしっかり閉じると同時に、ダメージも補修。P&G パンテーン ミラクルズ カラーシャインカプセルミックスクリーム120g ¥1,600

ヘアカラー後の髪を弱酸性へと徐々に戻し、ヘアカラーした髪に色をほんのり足していく。ホーユー ソマルカ カラーシャンプー BROWN（ほか3色）150mℓ ¥2,000

③紫外線から髪を防御する

肌同様、髪や頭皮にとっても紫外線は大敵です。ヘアカラー後のキューティクルが開いた髪に紫外線が当たれば乾燥も起こしやすく、ダメージにつながるので、なるべく帽子や日傘でガードしましょう。髪の日焼け止めを使うのもおすすめです。

髪と頭皮の日焼け止め

乾燥を防ぐ温泉水と天然ハーブを配合。紫外線吸収剤フリーで髪にも体にも使えるスプレー状のUVケア。Koh Gen Do クリアUVヴェール SPF 50+/PA++++ 60g ￥2,300

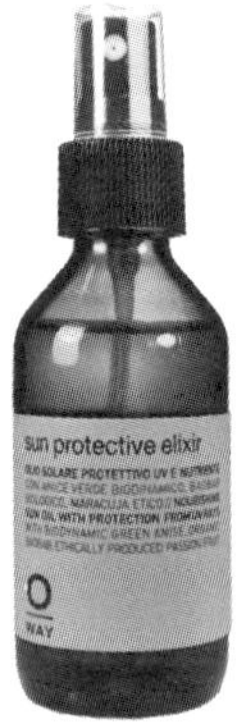

リッチなツヤと潤いが、紫外線から髪を守る保護膜になるヘアオイル。アラミック オーウェイ サンウェイ サンプロテクティブ エリクサー 100㎖ ￥3,800

第1章まとめ

▼グレイヘアでも、染めている髪と同じくらいの手間と投資は必要。

▼白髪との飽くなき闘い、上手に付き合っていく方法を探ってみませんか。

第2章

白髪染め、そこが問題！

だれにでも起こりうる「ヘアカラーかぶれ」

敏感肌は顔だけのものじゃない

「季節の変わり目にカサつく」「いつも使っている化粧水がしみる」

こういう状態は、よく敏感肌といわれます。敏感肌に明確な定義はありませんが、肌の感受性が高まっている状態のことをいい、症状としては赤くなった

敏感肌と自覚する女性が増えてます

りブツブツができたり、かゆくなったり部分的にカサついたり……といった、いわゆる肌荒れです。

20〜60代の女性を対象に行われた資生堂の調査では、**「自分が敏感肌である」と自覚する人は65％、**「何らかの顔の肌にトラブルがある」と答えた人は56％という結果が出ました（「敏感肌・肌トラブル実態調査」20〜69歳女性　２０００名、２０１９年1月実施）。ということは、自己判断とはいえ今や敏感肌の方が多数派ということです。そして頭皮も皮膚ですから敏感肌になりえます。赤み、かゆみ、乾燥、そしてフケ。これらの状態は頭皮敏感ともいえます。

ヘアカラーでしみる、かゆいというのは、敏感肌で化粧品がしみたりかゆくなったりすることと同じ部類の肌トラブルに属します。もし、あなたの顔の肌が化粧品に触れたときに敏感性を感じたことがあるのなら、ヘアカラーでそれが起こっても何ら不思議はありません。

敏感肌の延長線上にヘアカラーかぶれがある

ところで敏感肌は、症状が軽ければ敏感肌程度ですみますが、重い症状のものなら「接触皮膚炎」という皮膚の急病です。「**接触皮膚炎**」は「**刺激性接触皮膚炎**」と「**アレルギー性接触皮膚炎**」**に分けられます**（P68）。ヘアカラーかぶれはこのふたつの接触皮膚炎のことをいいます。

ヘアカラーによるかぶれは、あまり大きく報じられていませんが、放っておけない問題です。なぜなら、**染めている人ならだれにでも起こりえることだからです**。

２０１５年には、「ヘアカラーかぶれ」の現状について、消費者安全調査委員会が厚生労働省に対して報告書を提出しました（写真左）。これによると、２０１０（平成22年）～２０１４年（平成26年）の間で毛染めによる皮膚障害（その多くはアレルギー性接触皮膚炎）の事例が毎年約２００件も登録されていることがわかります。申告した人がこの人数ということですから、申告していない人も合わせれば、かなりの数になるでしょう。

これを受けて厚生労働省から、ヘアカラー製品に「パッチテストの必要性」「かぶれたことのある人への使用は避ける」「かぶれを繰り返すと重篤化する」とはっきりと表記するように通達が出されました。それ以後、市販品にも美容院用の製品にも以前より注意表記がわかりやすくされるようになっていますが、美容院用の場合は、私たちが直接パッケージを見ることはありません。なので私たちはその重大さをあまり感じていないのが現状です。

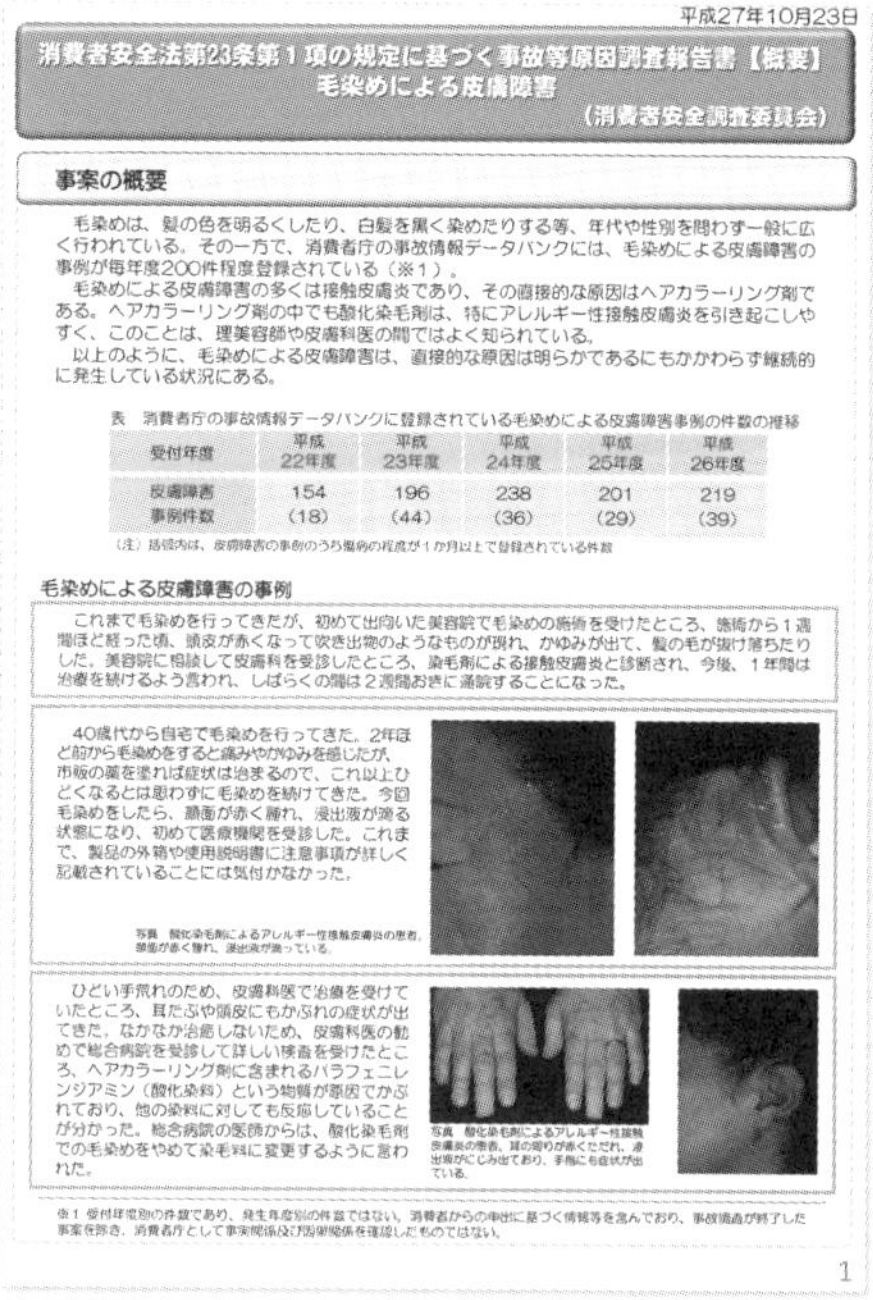

平成27年10月23日

消費者安全法第23条第1項の規定に基づく事故等原因調査報告書【概要】
毛染めによる皮膚障害
（消費者安全調査委員会）

事案の概要

毛染めは、髪の色を明るくしたり、白髪を黒く染めたりする等、年代や性別を問わず一般に広く行われている。その一方で、消費者庁の事故情報データバンクには、毛染めによる皮膚障害の事例が毎年度200件程度登録されている（※1）。

毛染めによる皮膚障害の多くは接触皮膚炎であり、その直接的な原因はヘアカラーリング剤である。ヘアカラーリング剤の中でも酸化染毛剤は、特にアレルギー性接触皮膚炎を引き起こしやすく、このことは、理美容師や皮膚科医の間ではよく知られている。

以上のように、毛染めによる皮膚障害は、直接的な原因は明らかであるにもかかわらず継続的に発生している状況にある。

表　消費者庁の事故情報データバンクに登録されている毛染めによる皮膚障害事例の件数の推移

受付年度	平成22年度	平成23年度	平成24年度	平成25年度	平成26年度
皮膚障害事例件数	154 (18)	196 (44)	238 (36)	201 (29)	219 (39)

（注）括弧内は、皮膚障害の事例のうち治療の程度が1か月以上で登録されている件数

毛染めによる皮膚障害の事例

これまで毛染めを行ってきたが、初めて出向いた美容院で毛染めの施術を受けたところ、施術から1週間ほど経った頃、頭皮が赤くなって吹き出物のようなものが現れ、かゆみが出て、髪の毛が抜け落ちたりした。美容院に相談して皮膚科を受診したところ、染毛剤による接触皮膚炎と診断され、今後、1年間は治療を続けるよう言われ、しばらくの間は2週間おきに通院することになった。

40歳代から自宅で毛染めを行ってきた。2年ほど前から毛染めをすると痛みやかゆみを感じたが、市販の薬を塗れば症状は治まるので、これ以上ひどくなるとは思わずに毛染めを続けてきた。今回毛染めをしたら、顔面が赤く腫れ、滲出液が滴る状態になり、初めて医療機関を受診した。これまで、製品の外箱や使用説明書に注意事項が詳しく記載されていることには気付かなかった。

写真　酸化染毛剤によるアレルギー性接触皮膚炎の患者。頬部が赤く腫れ、滲出液が滴っている。

ひどい手荒れのため、皮膚科医で治療を受けていたところ、耳たぶや頭皮にもかぶれの症状が出てきた。なかなか治癒しないため、皮膚科医の勧めで総合病院を受診して詳しい検査を受けたところ、ヘアカラーリング剤に含まれるパラフェニレンジアミン（酸化染料）という物質が原因でかぶれており、他の染料に対しても反応していることが分かった。総合病院の医師からは、酸化染毛剤での毛染めをやめて染毛料に変更するように言われた。

写真　酸化染毛剤によるアレルギー性接触皮膚炎の患者。耳の周りが赤くただれ、滲出液がにじみ出ており、手指にも症状が出ている。

※1 受付年度別の件数であり、発生年度別の件数ではない。消費者からの申出に基づく情報等を含んでおり、事故調査が終了した事案を除き、消費者庁として事実関係及び因果関係を確認したものではない。

1

消費者安全調査委員会 報告書【概要】
https://www.caa.go.jp/policies/council/csic/report/report_008/pdf/8_houkoku_gaiyou.pdf

もしヘアカラーが原因で、Ｐ81の写真のような皮膚の状態になり、それがアレルギー性のものならば、**その後は二度と同じ方法では染められなくなります。**それどころか、白髪や薄毛などとは次元の違う、健康問題になってしまいます。**状況によっては、呼吸困難など、生命に関わるアナフィラキシー症状を起こすこともあるのです。**

またこれもあまり知られていないのですが、ヘアカラーのかぶれについては、厚生労働省や政府広報からも一般消費者向けに注意喚起がされています※。**まずは、ヘアカラーにはリスクがあるということを認識しましょう。**そのために、自分のしているヘアカラーはどういうものなのかも知っておくべきです。

※　詳細ＵＲＬは、Ｐ2－3参考データ・リリースの第2章を参照

世の中のヘアカラーを整理してみましょう

ざっくり4種類に分けられます

美容院にもドラッグストアにも、魅力的なヘアカラー製品はたくさんあります。さらに、おしゃれ染め、白髪染めといった違いもあります。自分の髪と頭皮に直接つけるヘアカラーによってかぶれを起こす可能性があるわけですから、その種類や、染める仕組みについて、基本だけでも知っておいたほうがいいでしょう。

それに私たちは意外と気にしていませんが、美容師から見たらあなたの髪がこれまでどんな施術をしてきたかの「履歴」は、次に何かをするときに影響するのでとても重要です（P94）。自分の髪を自己管理するためにも、覚えておいて損はありません。

ヘアカラーとされているものは基本的には4種類です。「永久染毛剤」、「脱色剤」、「半永久染毛料」、「一時染毛料」です。

ヘアカラーの主流は永久染毛剤の「酸化染毛剤」

日本では化粧品の種類に区別をつける法律があります。「医薬品、医療機器等の品質、有効性及び安全性の確保等に関する法律」といいます。通称「薬機法」です。それによると、**ヘアカラーリング製品の種類は、大きくふたつの種類に区分**されます。医薬品と化粧品の中間で、規定範囲内の効果・効能がうたえる「医薬部外品」と、体を清潔にし、美化し、健やかに保つための「化粧品」です。

私たちが一般的に「ヘアカラー」というのは「医薬部外品」に区分される「永久染毛剤」の一種で、「酸化染毛剤（P53の図A-1）」といわれているものです。

医薬部外品というと、美白やニキビ用、最近ではシワ用などのスキンケア化粧品に見られるので、安全で効果の高いもののような印象を受けますが、**ヘアカラーにおける医薬部外品は、あくまで「髪」に対して有効とうたっています。**「しっかり染まり

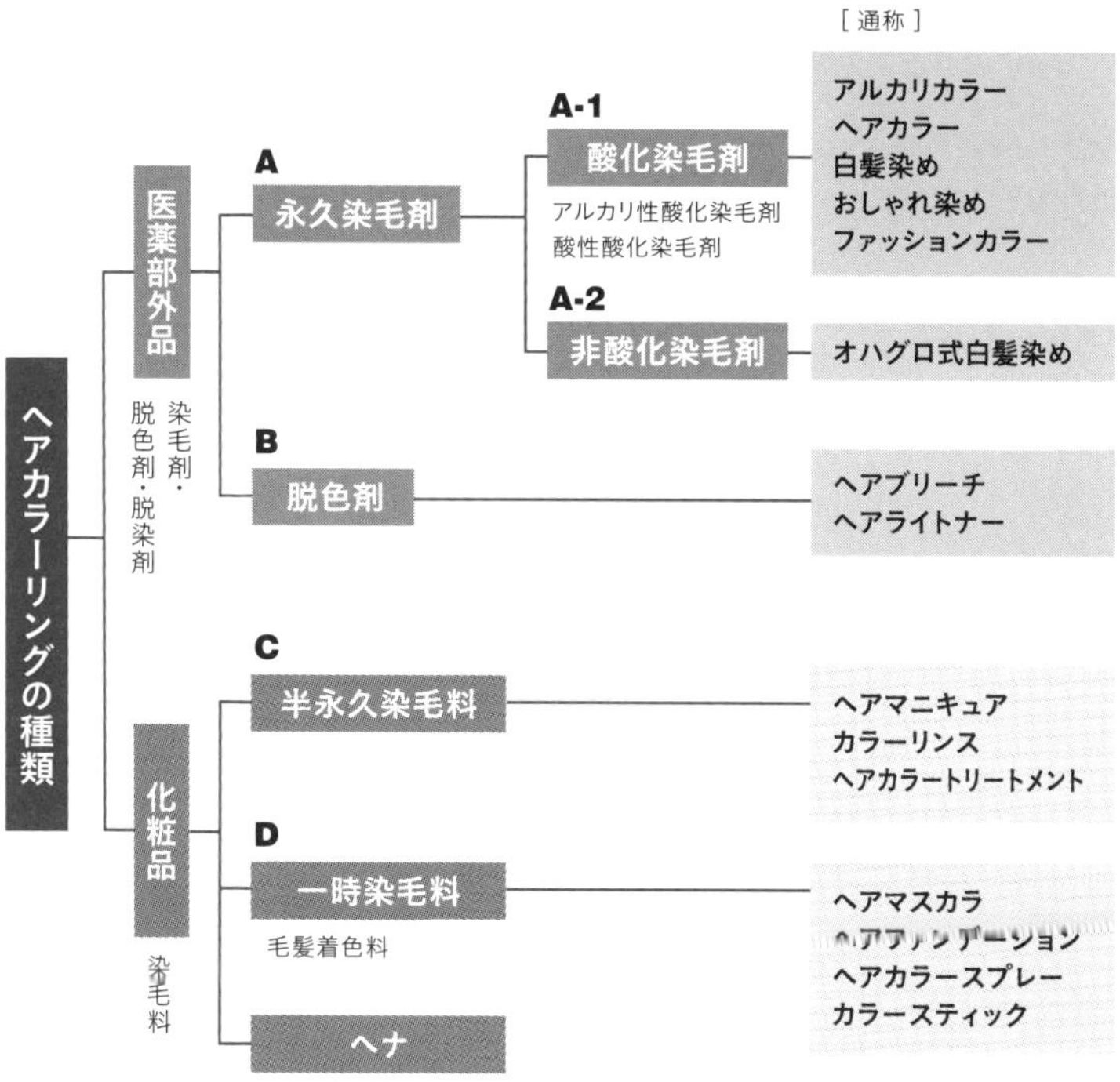

日本ヘアカラー工業会HPを参考に作成

ますよ！」と保証しているだけで、肌にいいもの、といっているわけではありません。

「酸化染毛剤」は通称アルカリカラーと呼ばれています。アルカリ剤で髪のキューティクルを開き、パラフェニレンジアミン（以下PPD）などの酸化染料を髪の内部に浸透させ、過酸化水素で染料を酸化させて発色させます。それと同時に、髪に備わった元のメラニン色素を脱色して染めていくというものです。

アルカリカラーという通称のほか、ヘアカラー、ヘアダイ、毛染め、白髪染め、グレイカラー、おしゃれ染め、ファッションカラー、おしゃれ白髪染め……と、いろいろな呼ばれ方をしていますが、美容院で使われるものも、ホームカラー用の一・二剤式のものも、どれも同じ仕組みで染める酸化染毛剤です。

メリットは思い通りの色に自由自在に染められ、ファッション性が高いこと。反面、詳しくは後述しますが、その薬剤が**ヘアカラーかぶれを起こす可能性がある**ということがデメリットです。

頭皮敏感でも使える永久染毛剤「非酸化染毛剤」

もうひとつの永久染毛剤「非酸化染毛剤（図Ａ‐２）」は、オハグロ式白髪染めと呼ばれているものです。江戸時代に全国に広まったお歯黒を利用した毛染めの方法として、明治時代に登場したのでオハグロ式と呼ばれています。

オハグロ式の最大の特徴は「黒」にしか染まらないということ。その黒さはP82の明度スケールでいうとレベル2〜3くらいの漆黒です。マイナーな存在ではありますが、ヘアカラーでかぶれてしまった人にはとても貴重な染毛剤です。

オハグロ式染毛剤には、酸化染毛剤に含まれるアレルギーを起こしやすい成分である、PPDなどのジアミン系染料が入っていません。また、その染料を発色させるための過酸化水素も使われていません。ですので、**ヘアカラーアレルギーがある人でもほとんどの人が使える上に、永久染毛剤としてしっかり染まります。**

染毛の仕組みは、タンニン酸やピロガロールといった植物由来の染料(ポリフェノール類)を鉄塩の化学反応で生じる化合物で染毛させるというものです。

黒豆を煮るとき、黒さとツヤを出すために釘を入れますが、これもポリフェノールと鉄塩の反応を利用したもの。アレルギーを起こしにくい金属なので、ヘアカラーアレルギーのある患者さんのためにクリニックなどでも推奨され、自宅で使えるホームカラーとして販売されています。

色素を抜くための「脱色剤」

黒髪がもっているメラニン色素や、永久染毛剤で入れた色を抜くのが、「脱色剤（図

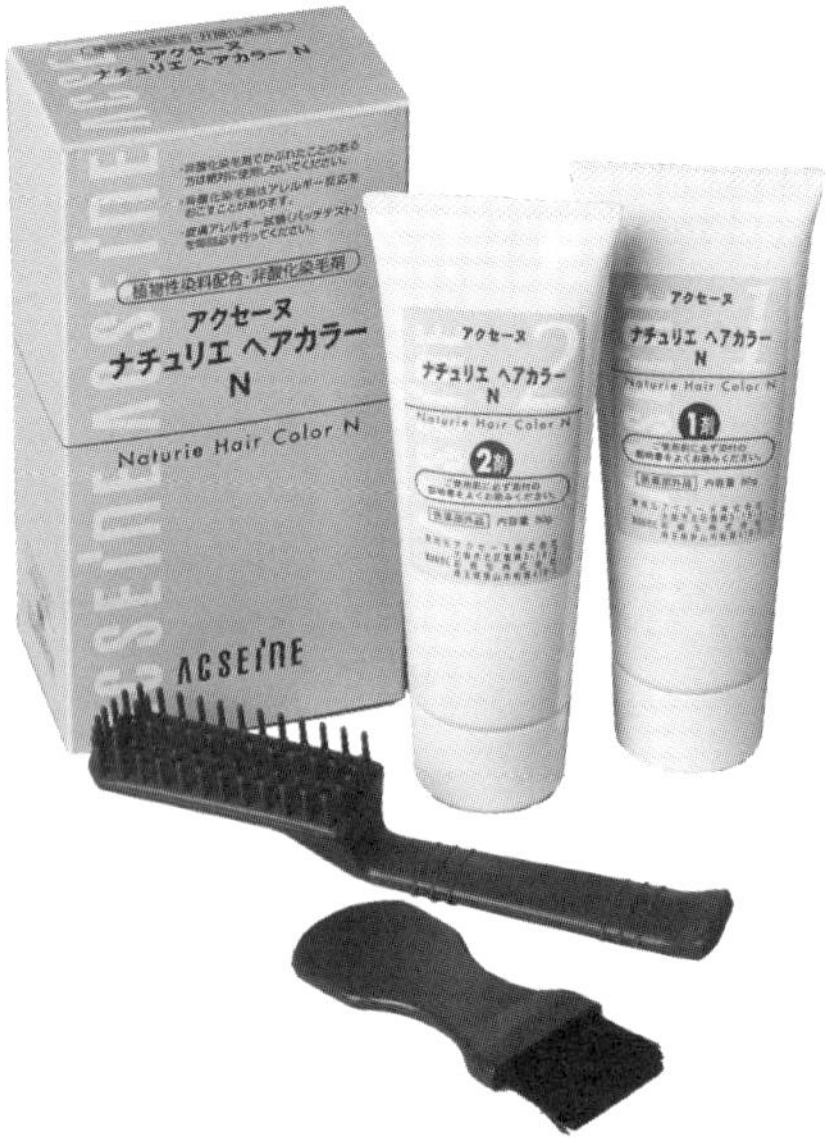

20年以上のロングセラー。植物由来のピロガロールと鉄塩を結合させるオハグロ式ヘアカラー。医療機関にて販売（診断は不要）、あるいは通信販売で電話オーダーを受け付けている。
アクセーヌ　ナチュリエ ヘアカラーN ￥1,300

非酸化染毛剤の染まる仕組み

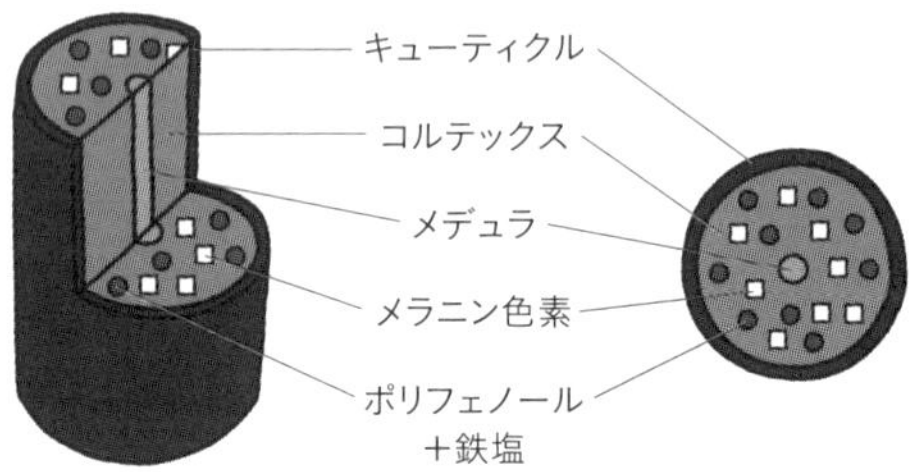

B）」です。これは酸化染毛剤に似ていますが、違いは**アレルゲンとなり得るPPDなどのジアミン系染料を含まないことです。**アルカリ剤でキューティクルを開き、過酸化水素を使う仕組みは酸化染毛剤と同じです。

若い人だけのものではなく、大人世代でも透明感のある色に染めたいときの最初のステップとして使ったり、筋状に色の明暗をつけるハイライト（P100）に応用したりと、**元の色を消去するために使用します。**

脱色・脱染剤の染まる仕組み

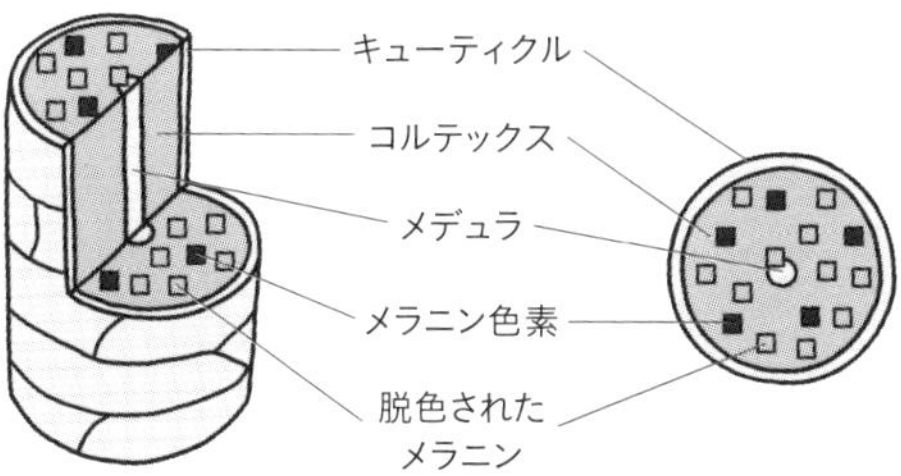

「半永久染毛料」のヘアマニキュア

ここまで説明したふたつは医薬部外品でしたが、「半永久染毛料（図C）」は化粧品の部類になります。作用が穏やかな化粧品は、色もちの面では、医薬部外品に比べるとよくはありません。そして**白髪は染まりますが、黒髪が本来もっているメラニン色**

素を脱色しないため、白髪より黒髪が多ければ髪色は明るくなりません。

ヘアマニキュアは、アルカリ剤ではなく髪を温めることなどでキューティクルを開き、その隙間から染料を入れ、毛髪内部のキューティクルに近い部分にイオン結合で染料を留《とど》めるものです。

髪の表面をコーティングするような状態になるので、髪を傷めにくいことがメリットですが、浸透させるためのアルコール類が含まれているので、ダメージゼロとはいい切れません。色もちは約2〜4週間と短いこともデメリットといえるでしょう。

自宅で使う市販品もありますが、美容院で相談して行うことをおすすめします。ヘアマニキュアの染料が、頭皮や肌についてしまうと落ちにくいからです。髪の根元スレスレにつける美容師の技術でつけてもらうほうが安心です。

ヘアマニキュアの染まる仕組み

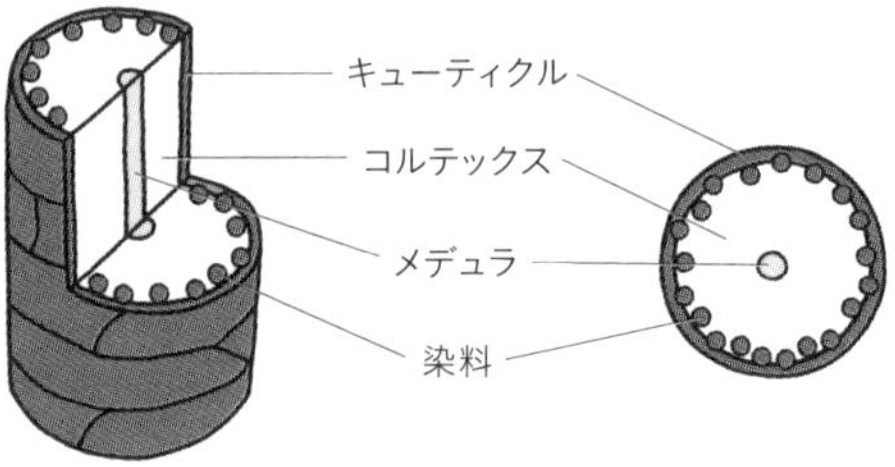

白髪を「ぼかす」ヘアカラートリートメント

2005~2006年あたりから登場し、すっかり一般的になったヘアカラートリートメントも「半永久染毛料(図C)」です。これは塩基性染料やHC染料という、メイク用品などに使われている染料をイオン吸着させるもので、**髪の表面をコーティングするので髪を傷めず、肌に付着しても洗えば落とせるので、気軽に色づけできる**のがメリット。

白髪を「ぼかす」という感覚なので、使うのをやめれば数日しか色がもちません。脱色はしないので明るくはなりませんが、色みもニュアンス程度なら選べます。成分にもよりますが、定期的に美容院で染めている人が、**次のカラーまでのつなぎとして使う**ことも基本的には可能です。グレ

ヘアカラートリートメントの染まる仕組み

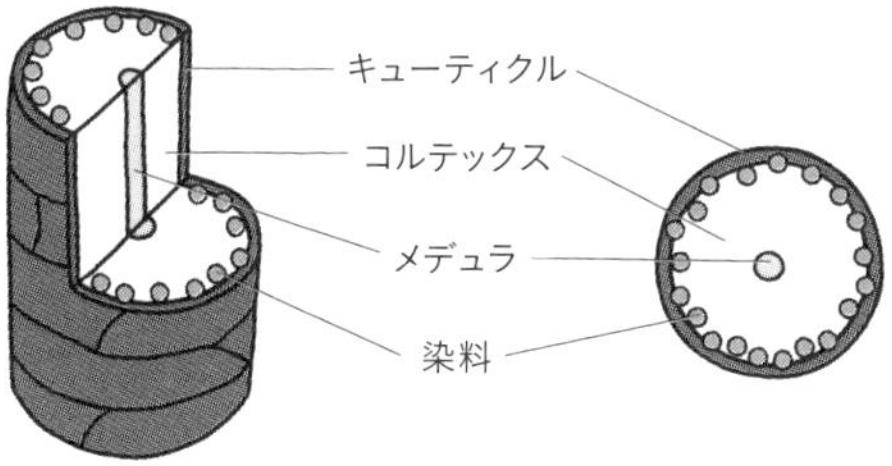

イヘア移行期にも有効でしょう。

その日限りのカモフラージュ「一時染毛料」

マスカラ状、ファンデーション状、スプレー状、パウダー状、スティック状などいろいろな形状がありますが、その日一日だけ白髪を隠すものが「一時染毛料（図D）」です。**肌に使うメイク製品と同じ色素を使っていることがほとんどなので、頭皮や髪にはやさしいのですが、洗えば落ちてしまうことがデメリットでしょう**（詳しくはP195～）。

一時染毛料の染まる仕組み

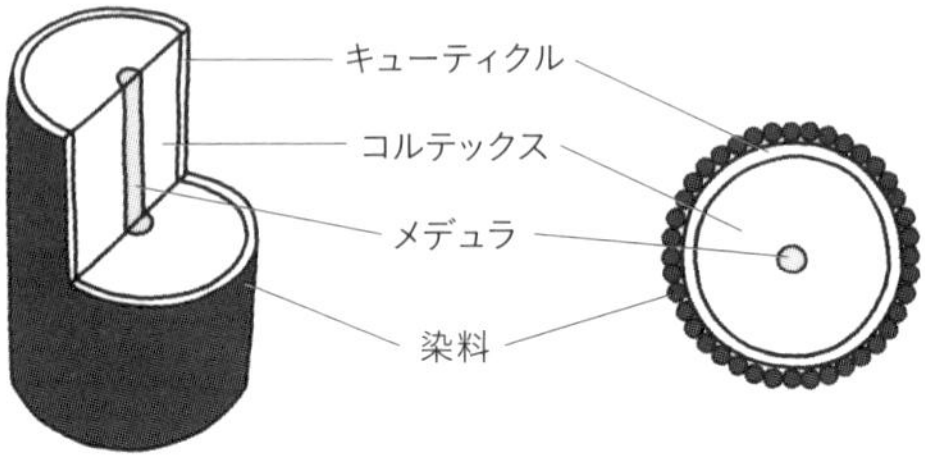

アルカリカラーで頭皮と髪が傷むのはなぜ？

毎回パッチテストが必要。でも現実は……

「私がしているのはオーガニックカラーといわれたから、アルカリカラーじゃないですよね？」

「ハーブカラーならジアミンは入っていないのでしょうか？」

と、雑誌の読者の方に聞かれることがあります。確かにプロ用にしてもホームカラー用でも製品の名前には、ハーブ、香草、ナチュラル、オーガニック……などの言葉がついているものをよく見かけます。

頭皮と髪の健康に配慮した製品が増えているのはうれしいことですが、それが逆に私たち消費者には、製品の骨格がわかりづらくなっているのが残念なところです。

・一・二剤方式
・髪のトーンが明るくなる
・深くしっかりと色が入って、長期間色落ちしない

こういう特徴のあるヘアカラー剤であれば、やはり酸化染毛剤のアルカリカラーです。しみたり、かゆみがあったりと刺激が起こる可能性がありますし、一度でもアレルギーと診断されるかぶれが起きてしまった人は使うことができません。

かぶれを防ぐためのルールとして、**ヘアカラーをするときは、問題が起こったことがなくても、皮膚アレルギー試験（パッチテスト）をすることになっています。**これはカラー剤を腕の内側などに塗布して、48時間塗ったままにしておくというやり方です。正式には、その間塗った部分を絆創膏などで覆ったりしてはいけないし、水で濡らしてもいけません。

みなさんはこの方法でパッチテストをしていますか？

ホームカラー派の人ならともかく、もし美容院派の人がこの正式なパッチテストを

染める度に毎回するとしたら、お店を訪れたその日には染められず、その翌々日によ
うやく染めてもらえるということになります。お客にとっても美容師にとっても、お
よそ現実的なこととは思えません。この現実的ではないパッチテストが義務付けられ
ているアルカリカラー。やはり注意が必要なものといえます。

アルカリカラーの染まる仕組み

アルカリカラーの最大のメリットは、**髪色の明るさと色を一度の施術で自由に変えられること**です。薬剤は一・二剤式になっていて、一剤はアルカリ剤とPPDなどのジアミン系酸化染料が主成分。二剤は過酸化水素が主成分で、このふたつを混ぜて使用します。

ヘアカラー剤を塗布すると、一剤に含まれるアルカリ剤が髪の外側を覆っているキューティクルを開き、その

アルカリカラーの染まる仕組み

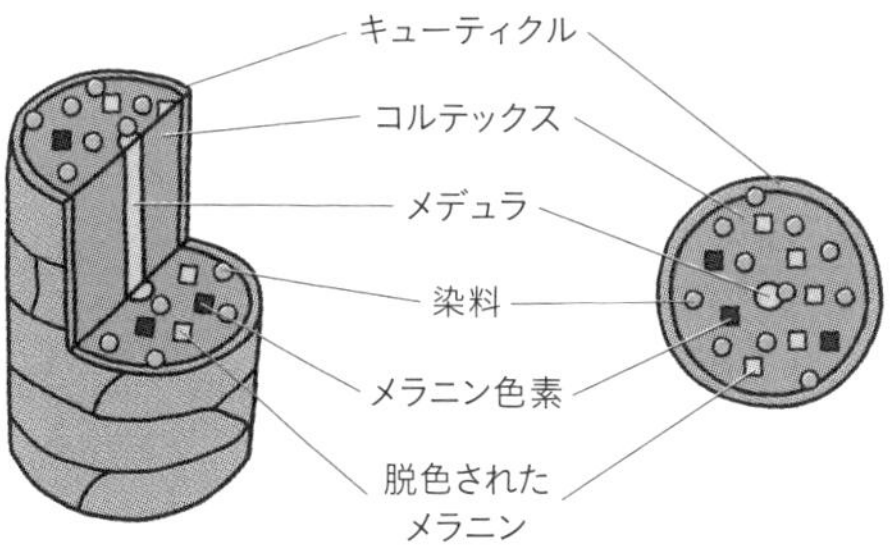

隙間から、分子の小さな酸化染料が髪の内部へと浸透します。そこに、二剤を混ぜたことで発生した酸素が髪のメラニン色素を分解して脱色。黒髪の色は薄くなり、酸化染料の色が発色します。同時に染料は巨大化して内側に閉じ込められるので髪が染まるのです。

白髪染めvs.おしゃれ染め、やさしいのはどちら？

アルカリカラーは、「白髪染め」と「おしゃれ染め」に分けられます。どう違うのか、どちらが髪と頭皮にやさしいのか、という疑問もよく聞かれます。どちらも酸化染毛剤ですが、**違いはカラー剤に含**

アルカリカラーの気になる3成分

パラフェニレンジアミン（PPD）

アルカリカラーの1剤に含まれる酸化染料。小さな分子なので、開いたキューティクルから毛髪の内部に入り込み、過酸化水素とアルカリ剤の反応で発生した酸素によって発色し巨大化。髪の内部に留まる。

アルカリ剤

アルカリカラーの1剤に含まれ、酸化染料を浸透させるため髪のキューティクルを膨張させて開かせる。メラニン色素の分解にも欠かせない。アンモニア、モノエタノールアミン、AMP、炭酸水素アンモニウムなどがある。

まれる酸化染料の茶色の色素、つまりPPDの配合比率です。

白髪染めの最大の目的は、白い部分を暗く染めること。そのためPPDの配合比率が高くなります。最近ではここを改良して、おしゃれ染めの発色に近づけた「明るい白髪染め」が増えてきましたが、基本的には白髪染めで染めると、髪色は暗く沈みがちです。

それに対しておしゃれ染めは、白髪染めのように多くの暗い茶色の色素を入れる必要がないので、比率的PPDは少なくなります。**PPDの配合比率を考えれば、おしゃれ染めのほうが髪や頭皮にやさしいといえるでしょう。**

ただし、**ジアミンアレルギーになってしまっていたら、少量であっても拒絶反応は**

過酸化水素
(オキシ)

アルカリカラーの2剤に含まれ、強い酸化力をもつ。この物質自体が、肌のダメージにつながる活性酸素でもある。メラニン色素を分解して脱色し、PPDを酸化させて発色させる。

出るので、白髪染めもおしゃれ染めも使えません。また、酸化染毛剤であるかぎり、アルカリ剤と過酸化水素も必要です。PPDのアレルギーだけでなく、アルカリ剤や過酸化水素も刺激はあるし、かぶれも起こります。

ちなみに**酸化染毛剤でも「ノンジアミンカラー」というものもありますが**、PPD

白髪染めとおしゃれ染めは
PPDの配合比率が違う

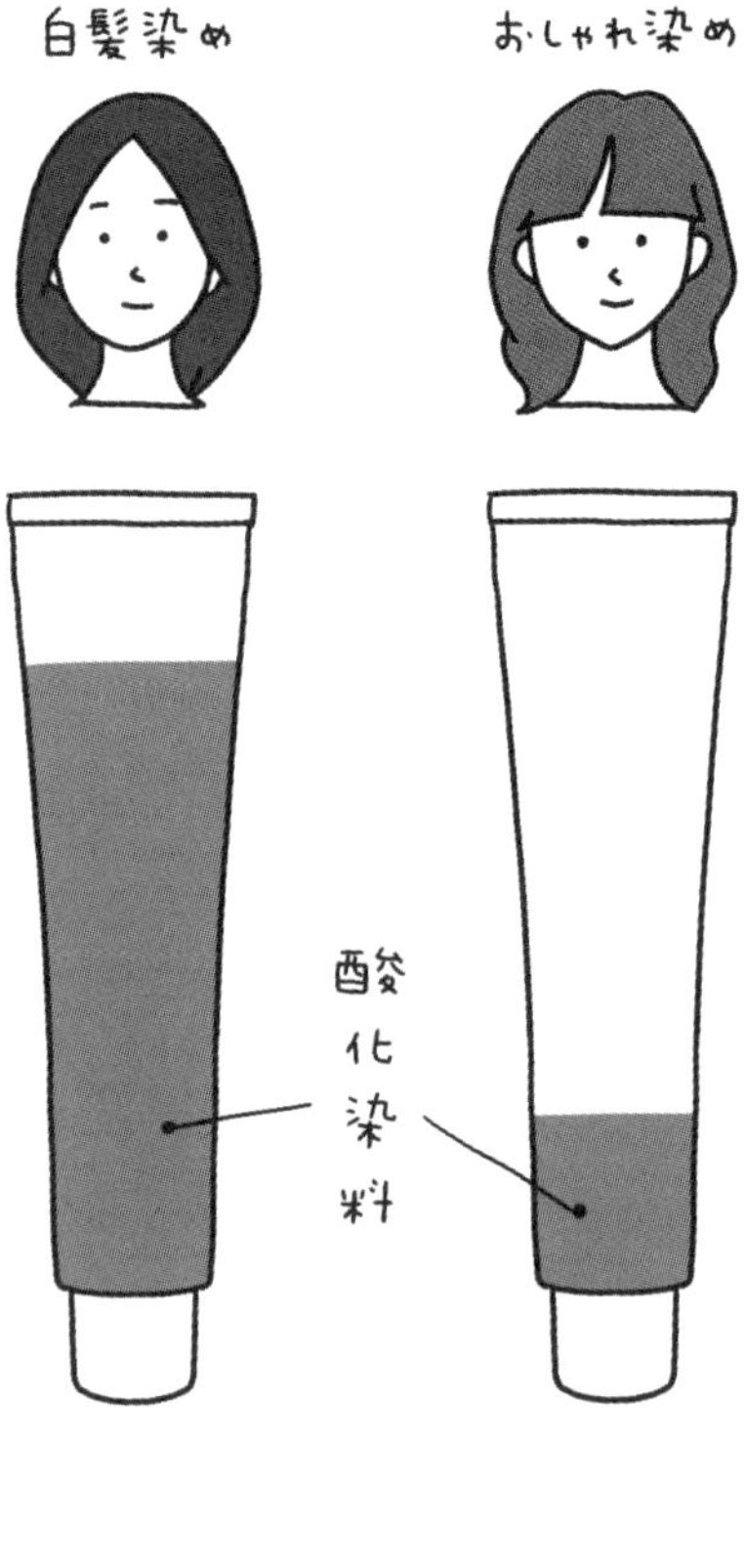

ではない別の染料を使っているため、薄い染まり方になります（アルカリ剤や過酸化水素は使用されていますす）。美容師の声を聞くと、ジアミンアレルギーでどうしても染められない人のためには必要なものの、アレルギーがない人はその仕上がりに満足しにくく、いつもの白髪染めに戻ってしまうことが多いそうです。

ヘアカラーでかぶれるってどういうこと？

かぶれは刺激によって起こる皮膚の急病

かぶれには、軽いものから重いものまであります。何かの物質が肌に触れたときに起こる急性の皮膚病を「接触皮膚炎」、一般的にはかぶれといいます。**接触してすぐに症状が現れる「刺激性接触皮膚炎」**と、**特定のアレルゲンに触れ、時間が経過してから反応が起こる「アレルギー性接触皮膚炎」**の2種類があります。

「刺激性接触皮膚炎」は、そのときの体調などによって、だれにでも起こる可能性があります。**薬剤をつけると、触れた皮膚の部分がしみる、かゆい、赤く腫れる、ピリピリした痛みを感じる、熱をもつといった症状**です。

「アレルギー性接触皮膚炎」でも刺激性と同じように、赤みやかゆみ、ピリピリ感、

ヘアカラーによって起こる疾患

	非アレルギー	アレルギー	
疾患	刺激性接触皮膚炎	アレルギー性接触皮膚炎	アナフィラキシー
発生の原因	刺激の強さが、 皮膚の許容濃度を 超えた場合に生じる	原因物質（アレルゲン）に接触しているうちに アレルゲンに対して免疫反応（感作）が成立する	
条件	●だれにでも起こりうる ●皮膚の状態によって、 起こったり 起こらなかったりする	●感作が成立した人のみ生じる ●いったん感作が成立すると、 原因物質（アレルゲン）に接触すれば 再度反応が現れる	
主な症状	痛み、かゆみ、発赤、水疱、腫れなど		じんましん、 皮膚の発赤、 息切れ、咳、動悸、 血圧の低下、めまい、 腹痛、嘔吐など

消費者安全法第23条第一項の規定に基づく事故等原因調査報告書【概要】
毛染めによる皮膚障害（消費者安全調査委員会）を参考に作成

湿疹などの症状があります。さらに、目や顔が腫れたり、腫れや湿疹からリンパ液が出たり、などの症状まで起こりえます。症状があるのに原因アレルゲンが皮膚に触れることが続くと、その物質に触れるたびに症状が重症化します。

ヘアカラーの場合は、ほとんどの原因がジアミン系染料のPPDによるものですが、**ひとたびジアミンアレルギーになったら、その後は酸化染毛剤では染**

められなくなります。

また、これらはホームカラー剤で起こることだという誤解もありますが、美容院のヘアカラーも処方は多少違えども、ＰＰＤなどの酸化染料・アルカリ剤・過酸化水素の3点セットを含む酸化染毛剤であることには変わりがありません。

ただ、美容院はカウンセリングをして、頭皮を保護する前処理をし、頭皮につけないテクニックを使い、放置時間を守るなどして配慮してくれるでしょう。この方法でかなりの抑制はできますが、それでもやはりかぶれてしまう人はいます。

美容院の現場の声を聞くと、しみたり、ピリピリしたり、熱を感じたりといった「**刺激性接触皮膚炎**」**は、ヘアカラー剤をつけて比較的すぐ起こることが多い**といいます。これはアルカリ剤と過酸化水素による刺激が原因になっていると考えられます。

一方、「**アレルギー性接触皮膚炎**」**は、かゆみや発疹、腫れるなどの症状は時間が経ってから出た、というケースが多い**のです。その原因は、やはりＰＰＤです。

かぶれが起こると、カラー剤のメーカーを変えたり、美容院を変えたり、カラーメニューを高額なものに変えてみたら、と考える人もいます。でも、酸化染毛剤で染めているかぎり、アレルギーは起きてしまうのです。

もしすでにアレルギーになっているのなら、この機会に今後のヘアカラーの長期的な計画を考える必要があります。でも、まだ「ときどきしみる」「かゆみがある」という状況なら、次のページからの対策を実行して、アレルギー化を予防しましょう。

しみる、かゆいを回避する、10のチェックポイント

アルカリカラーを長く続けていくために

知っておきたい、ヘアカラーによるかぶれ予防のための10の約束をまとめました。また、皮膚かぶれ問題にも詳しい皮膚科医・関東裕美先生にも、お伺いしました。

①自分はアレルギーをもっているかどうか、改めて確認

花粉症、アトピー性皮膚炎、食物のアレルギーなど、**何かのアレルギー体質をもっている人は、ほかのアレルギーも起こしやすい**傾向があります。特にアレルギー症状が出ているときは、過剰に反応しやすいのでカラーをするのは控えましょう。

【関東先生より】「花粉症は軽いと治療せずに放置する場合が多く、思いがけずヘアカラーのかぶれ症状が出てしまうことがあります。注意しましょう」

②体調は万全か、薬を飲んでいないかを確認

風邪をひいて免疫機能が弱まっていないか、また**ここ数日の間に体調に変化がなかったか**もよく思い出し、思い当たる節があるならカラーは見送ったほうが無難です。

③頭皮と肌は敏感になっていないか、生理中ではないか確認

頭皮のコンディションをチェック。乾燥してフケやかゆみが出ていたり、吹き出物や傷はできていませんか？　地肌の色が青白〜透明感のある白なら、潤いのある健康な頭皮です。また**生理中も肌が敏感になりやすい**ときです。体が過敏に反応して、アレルギーにつながる可能性があります。

【関東先生より】「生理が毎月順調にあり、女性ホルモンが安定している状態なら、皮膚の状態も安定しています」

④パッチテストをする

やはり、**アレルギーを確認するために最も信頼できる方法です**。ホームカラーをするときは毎回必ず行い、美容院でも行えばベストです。

【関東先生より】「パッチテストは、絆創膏やテープで閉鎖をしないで、液体を皮膚に塗り、しばらく置いておく方法で行いましょう。塗布した直後の反応と、翌日、2日目と、時間が経ってからの反応についても確認してみてください」

⑤ヘアカラーをする間隔をなるべくあける

「リタッチは毎月しているけど全体を染めるのは半年に1度くらいだから大丈夫」と思っていませんか？　これは**髪のダメージ対策であり、かぶれ予防にはなっていません**。美容院の技術で、頭皮につかないように塗るのであればOKです。

ヘアカラーの間隔は、**肌のターンオーバーの周期に1回くらいがおすすめ**です。40代で約55日、50代では約75日、60代では約90日といわれます。白髪が多いと2か月間、根元をリタッチしないで過ごす

頭皮にカラー剤をつけないように、根元からつける「ゼロテク」という技術。
写真提供／ベルベット オン ザ ビーチ

のは難しいかもしれません。その場合は、**なるべくアルカリカラーに頼らず、一時染毛料（P195）やヘアカラートリートメント（P124）などで根元染め**をするようにしましょう。

【関東先生より】「頭皮に負担のないような染毛は、よい手段だと思います」

⑥ヘアカラーの直前は髪を洗わない

頭皮の毛穴の皮脂腺から出ている**自前の皮脂で、頭皮をプロテクトしましょう。できれば24時間は洗わないでおきたいところ**です。もちろん、**染める直前にシャンプーするのはNG**です。

【関東先生より】「シャンプー時には必要以上にこすったりしないようにやさしく洗って。頭皮に傷をつけない洗髪を日頃から心がけましょう」

⑦40〜50代なら「しみると思います」宣言

今、刺激を感じていないとしても、更年期世代はかぶれるリスクが高くなります。**自分は頭皮が弱い人だということを美容院にアピール**しておくのが得策です。アルカり濃度の低いマイルドな薬剤や、頭皮にカラー剤をつけない技術で、最大の注意を払ってカラーリングしてくれるはず。

【関東先生より】「カラーの前には、自分では見えない頭皮の傷をチェックしてもらいましょう。美容師さんと信頼関係を作るのはとてもよいことです」

⑧カラーをしている最中に食事はしない

美容師からよく聞かれる経験則です。**カラー中に何か食べていて、その後アレルギーを起こしたケース**が数例あるとのこと。

【関東先生より】「食べることは体内の血液循環をよくする行為です。血液循環がよくなれば体温が上がります。体が温まると、かゆみを伝える神経の活動が活発になり、アレルギー発症のリスクが上がるのです」

⑨自分で染める場合はカラー剤をしっかり洗い流す

薬剤は洗い流すように作られており、洗い流すから配合を許されている成分も入っています。だから頭皮に残らないよう、**薬剤をしっかりすすぐことが大切です**。シャワーで流すときは上から流すだけではなく、**後頭部、襟足などは髪をめくり上げて裏側からもしっかり洗い流しましょう。**

【関東先生より】「しっかり洗うというのは、十分に洗い流すことです。そして頭皮をこすりすぎないことを忘れないで」

⑩ヘッドスパをセットにする

大人の頭皮と髪のことを真剣に考えている美容院には、カラーとヘッドスパをセットで提案するところも多いです。ヘッドスパなら**毛穴に残った皮脂と同時に落としきれない薬剤までしっかりすすぎ、ディープクレンジング**ができます。

第2章まとめ

- **美容院でも自宅染めでも、ヘアカラーにはアレルギーのリスクがある。**
- **「しみる、かゆい」の主な原因は、酸化染毛剤（アルカリカラー）の成分。**
- **髪と頭皮の健康を考えるなら、染める間隔は2か月に1回程度を目安に。**

INTERVIEW 1

皮膚科医に聞いてみた！

「しみる、かゆいは、すでに軽いかぶれです」

医学博士 関東裕美先生（左）

東邦大学医療センター大森病院 皮膚科臨床教授。接触皮膚炎、アトピー性皮膚炎などのアレルギー性皮膚疾患を専門とする。ヘアカラーによる接触皮膚炎に関する豊富な臨床経験と解析データをもち、医療現場や化粧品メーカーなどへの指導を行いながら、多くの患者のかぶれの悩みを救い続けている。

ヘアカラーかぶれの現状

伊熊　ヘアカラーによるかぶれの症状とはどういうものですか？

関東　軽いうちは赤くなってブツブツができます（P81資料①）。襟足や耳周り、生え際などでこの症状を見たら、まず毛染めを疑います。治ったと思ってまた染めると症状が出て、また治ったら染めて……と繰り返していると、顔まで腫れたり、リンパ液が出てジュクジュクしてきたりします（資料②）。こうなると、頭皮とは関係のないところにまで湿疹が出る「自《じ》家《か》感《かん》作《さ》性皮膚炎」という状態になります。これは過剰反応として全身に広がったもので、湿疹の部分で活性化したリンパ球が血液に乗って体中に散らばっていくのです。手に出た湿疹にステロイド剤を塗っても治らないので、元を探していったら、実はヘアカラーで毎回かぶれていた、ということもあるんですよ。

伊熊　自分で事態を深刻化させてしまっているのですね。症状はどんな経過で出るのですか？

関東　繰り返し湿疹が起きるのはアレルギー性の接触皮膚炎で、ヘアカラーをしている最中〜2日くらいかけてゆっくり出てくるので「遅延型」といわれます。一方、毛染めに含まれるアレルゲンに触れた瞬間反応する「即時型」もあります。ヘアカラーをした瞬間にひどくピリピリしたり、熱をもって目が腫れたり（資料③）、呼吸困難を伴うアナフィラキシーという状態になることもあります。すぐに病院で処置をすれば比較的早く治りますが、呼吸が苦しくなって生命に関わることもあるので、とにかく早めの処置が必要です。遅延型と即時型の合併症という場合もあります。

伊熊　それまで遅延型のようなアレルギー症状がなかった人が、突然即時型のアナフィラキシーになってしまうことはあるのでしょうか？

関東　即時型と遅延型は発生機序が違います。条件が揃ってしまえば、起こりえますね。

伊熊　なるほど。どうしたらこういう深刻な事態にならずにすむのでしょうか。

関東　酸化染毛剤に含まれるPPDは、アレルギー陽性率の高い成分です。それを配合したヘアカラーはリスクがあるものだということを、ひとりひとりがきちんと認識しなくてはいけません。特に**自分がアレルギー体質だったり、花粉症やぜんそくもちという人は注意して。リスクがあるのだから、染めるのは自分の体調が万全なときにするべきです。**たとえば、花粉症なのに、薬を飲まずに鼻も目もグズグズの症状全開で、体が消耗しているときは避けましょう。昼間に染めたら、夕方から顔が腫れてかゆくなり、翌日、ジュクジュクした汁が出てきて入院したというケースもありました。

伊熊　美容院で染めるときは、アレルギー体質であることを申告するといいですね。私たちは、花粉症とヘアカラーをなかなか関連づけられません。私も薬を飲まないほうが健康にいい気がして、飲まずに症状を我慢していたこともありました……。

関東　ほらほら（笑）。そういうときは、花粉の方を何とか処理しようと、体の中は火消しで手一杯になっているわけです。そんなオーバーワーク気味のときに、さらにまたリスクのあるアレルゲンがやってきたら、いつもならさっと火消しできるものもできなくなってしまいます。花粉症なら、目や鼻を楽にして体の消耗を防がないと、通常の免疫機能を発揮することができません。発揮できれば体がうまく調整して、アナフィラキシーも起きにくくなるのですから、薬を正しく使ってきちんと症状を抑えましょう。それに春先は、紫外線が強くなるので、人間の免疫機能を余計に不安定にさせるということもあります。

重症化する条件は「年齢」もある

関東　重症化率は年齢も大きく関係しています。**更年期世代は要注意**です。

伊熊　更年期というと、閉経を挟んだ前後10年ですね。40代後半から50代くらい。

関東　その時期はホルモンバランスの乱れから、**免疫機能が不安定になりやすく、アレルギー物質に対して過剰反応を起こしやすかったり、抑えにくかったりする**のです。この世代の女性がヘアカラーを頻繁にするというのもありますね。やる人が多ければトラブルが起こる人数も増えますから。

伊熊　20〜30代ではどうでしょうか？

関東　若い人でも、生理前後、また、妊娠出産前後で生理がない間はリスクが高いです。生理が来ないということは、女性ホルモンのエストロゲンが安定していないから。女性にとって生理が来るのは、免疫機能が安定しているからです。だから半年以上来ていない、なんていうときもリスキーですね。

（P89に続く）

ヘアカラーによる接触皮膚炎の症状例

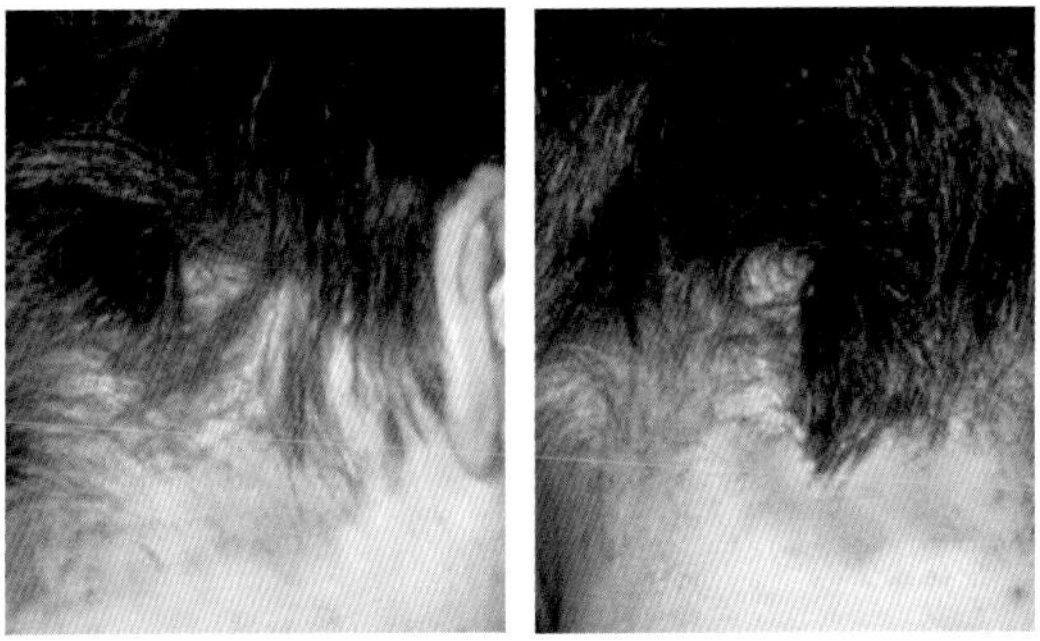

資料① 紅斑《こうはん》（遅延型）

比較的軽症のヘアカラー皮膚炎。
襟足や耳周りに出ることが多い。

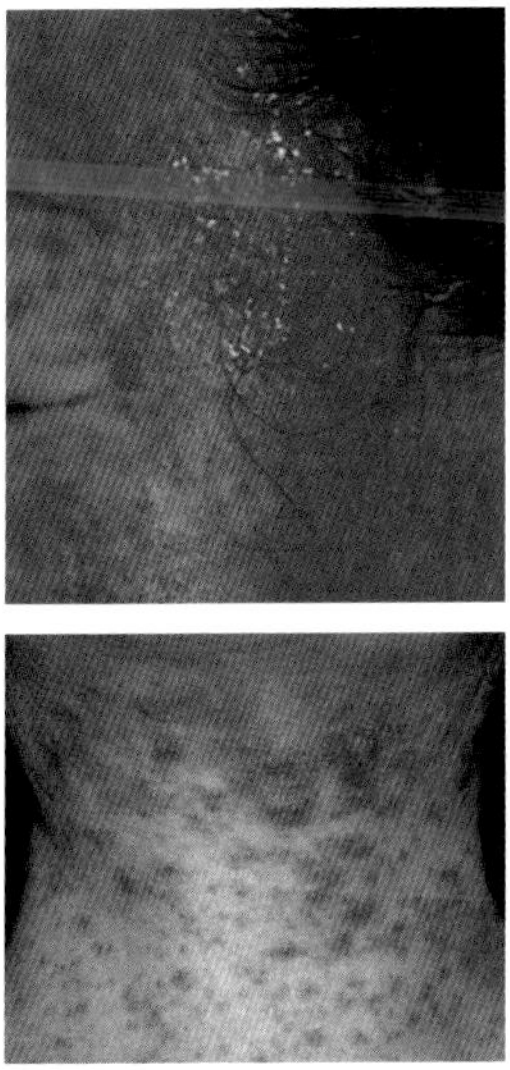

資料② 湿潤性湿疹（遅延型）

盛り上がった丘疹から汁が出るようになり、症状の重い接触皮膚炎に進展する。

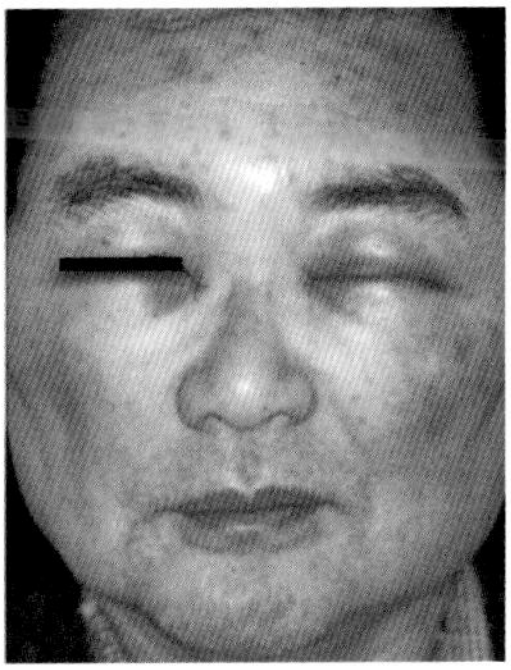

資料③ 血管性浮腫（即時型）

目や口元など粘膜が腫れたようになり、呼吸困難を伴うアナフィラキシーにつながることもある。

資料提供：東邦大学医療センター
大森病院 関東裕美先生

ヘアカラーを決めるふたつの要素〈色と明度〉

ヘアカラー剤の色の種類

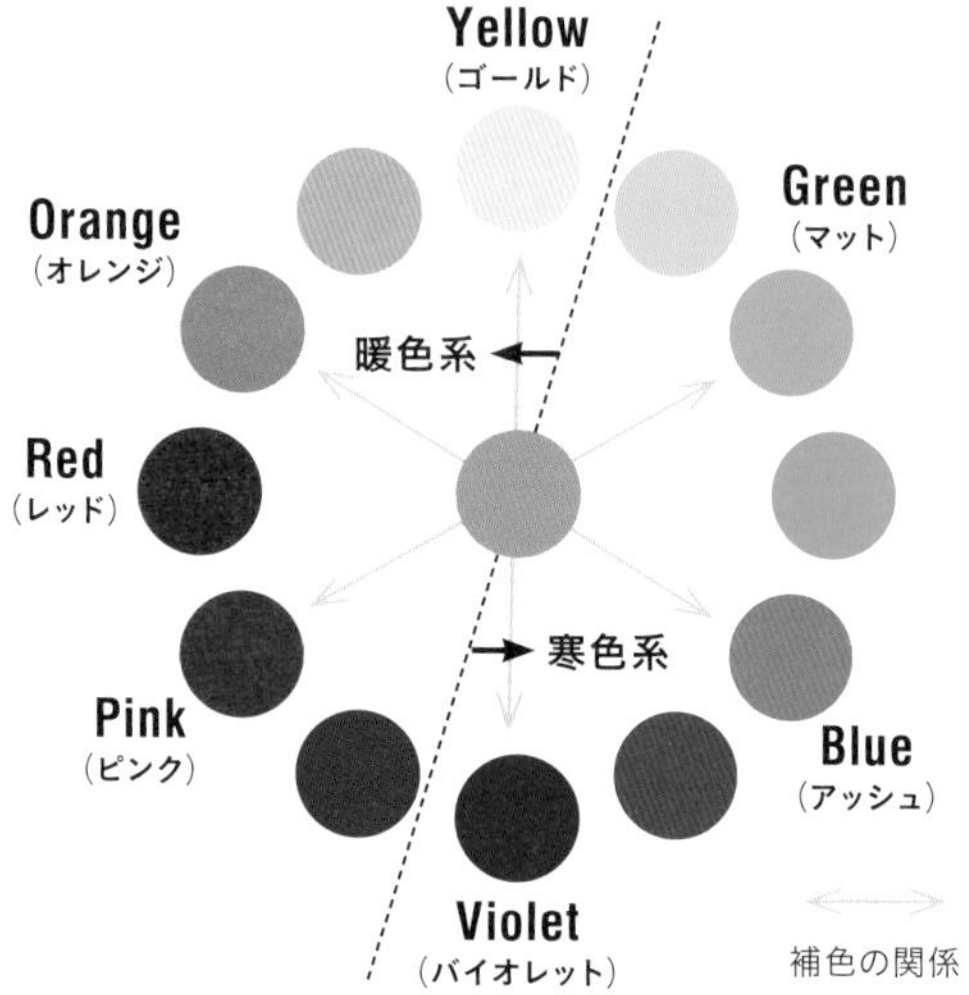

左は色相環《しきそうかん》といい、人が視認できる色を円形に並べたもの。（　）内は、ヘアカラー剤で使われる色の名前。大ざっぱにいえば右側の寒色系がクール、左側の暖色系がフェミニンなイメージになる。ブラウンはヘアカラーのベースになる中立的な色。なお白・黒・灰は色みがなく、明度だけをもつ無彩色となる。

ヘアカラーの明度スケール

色相環から選んだ色に、1〜20段階の明度（レベル）をつけることでヘアカラーの色が決まります。

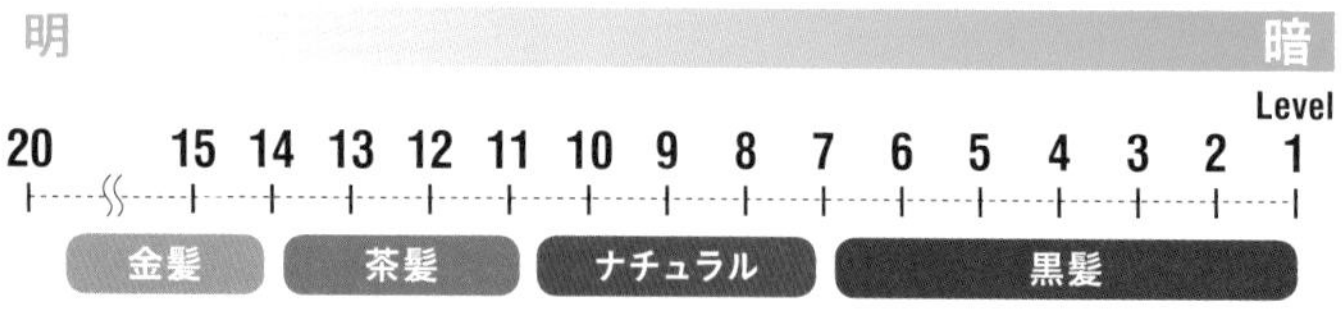

トレンドのヘアカラー

資料④
アッシュ系カラー

→P106, 108, 132ほか　ヘアカラーでいうアッシュ系はくすんだ灰色のことだが、「アッシュ」と名のつくカラー剤は灰色ではなく青や紫などの寒色。これは、色名が仕上がったときのイメージでつけられているため。赤〜黄みが強い日本人の髪に補色の関係の青や紫をかけ合わせると、狙ったアッシュ系の色になる。

ヘア／森田佳宏、カラー／中田巧樹（ウカ 東京ミッドタウン 六本木）
モデルは44歳の方　ピアス¥7,800（アトリエ ソウ）

資料⑤
ウィービング技術によるハイライト

→P57, 100ほか　毛束を一定間隔で少量ずつ取り、筋状に明るいカラーを入れることをハイライト、暗い色ならローライトという。立体感が出る上に、白髪部分をハイライトとして利用することも可能。部分的な白髪率が40%でも、ここまで目立たなくなる。

ヘア／森田佳宏、
カラー／中田巧樹
（ウカ 東京ミッドタウン
六本木）
モデルは44歳の方

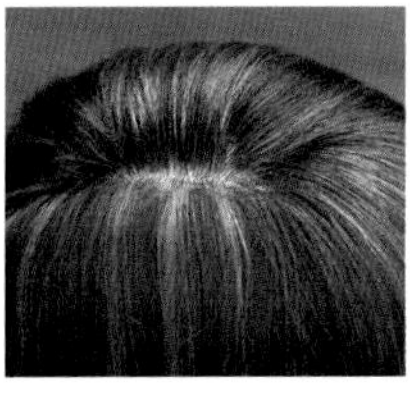

美容院でできる頭皮にやさしいヘアカラー

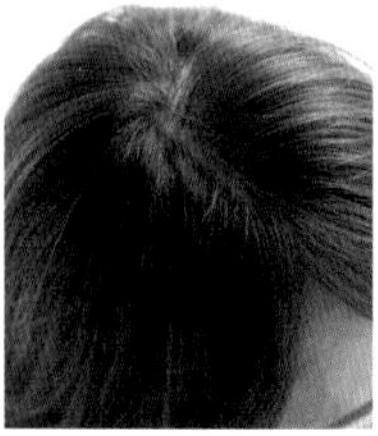

After

Before

資料⑥「オルディーブ シーディル」で染めた髪

→P110　刺激に配慮した白髪染め。モデルの方の白髪率は20％で、根元にアッシュ系（商品の色名は「プルーンアッシュ」）の明度8レベルを使用。茶色ではない無彩色ベースの白髪染めは、染めてから時間が経っても赤みが出にくく、アッシュカラーが長もちする。

ヘア・カラー／桜井章生（ベルベット オン ザ ビーチ）　モデルは60歳の方

資料⑦「ヒュウ」で染めた髪

→**P107**　パラフェニレンジアミン（PPD）フリーの白髪染め。白髪率10％の髪に「ナチュラルファッジ」というアッシュ系カラーの明度8レベルを使用。根元以外には「ヒュウグロス」という液状カラー剤でツヤと深みをプラス。こちらもPPDフリー。

ヘア・カラー／沼端ちはる（ロージ）
モデルは44歳の方

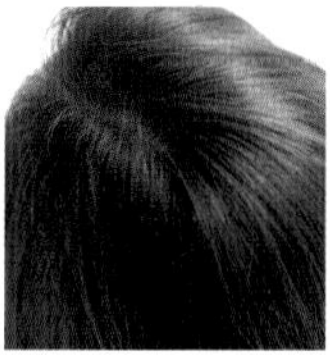

After

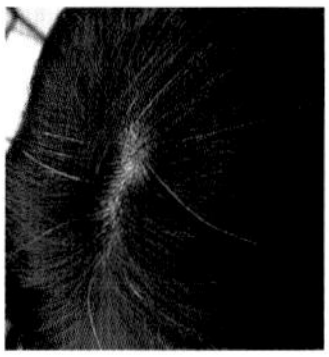

Before

資料⑧「輝髪《きらかみ》ペインター」で染めた髪

→**P112**　PPDも過酸化水素も使わずに色づけるプロ仕様のヘアカラートリートメント。白髪率15%の髪にアッシュブラウン系の色で染め、ツヤ感もアップ。繰り返し染めたときの髪の傷み具合が従来とは大きく違う。今、ヘアマニキュアの代替として人気が出ている。

ヘア・カラー／阿部眞也（サロン・ド・リジュー）
モデルは51歳の方

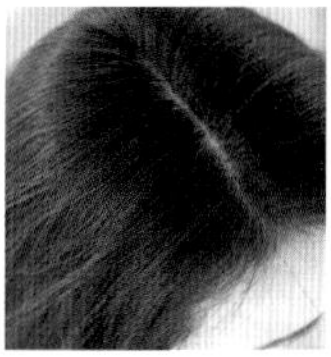

After

Before

ヘナで白髪を染める

資料⑨ ヘナ+アルカリカラーのハイライトで染めた髪

→P163 15％の白髪が全体にほぼ均等にある髪。ヘナにハイビスカスを足したベースの表面に、アルカリカラーの明度10レベルのハイライトをのせている。さらに白髪の多い部分はインディゴのローライト入り。美容院と自宅でのヘナ染めを併用している。

ヘア・カラー／山本ちか（コロリエ）
モデルは41歳の方、ヘナ歴1年

ブレンドしたヘナパウダー

上／ヘナ5：インディゴ5のブレンドパウダー。ヘナの比率を多くするとオレンジ寄りに、インディゴを多くすると黒髪寄りに染められる。下／配合比率を変えた染まり方の色見本。

写真提供：コロリエ

資料⑩ インディゴ5：ヘナ4：ウコン1で染めた髪

→P142 白髪率は全体のおよそ15％。アルカリカラーのハイライトを表面に入れた上から、ヘナ・インディゴ・ウコンをミックスして染めている。グリーンに色づいたハイライトが、顔周りの軽やかなアクセントに。

カラー／鈴木貴裕（ジャパンヘナサロン）
モデルは44歳の方、ヘナ歴5年

資料⑪ ヘナのみで染めた髪

→P141 ほかのハーブを混ぜずに、ヘナだけで15年以上染めている髪。髪質にもよるが、繰り返し染めることでオレンジが深まり、ボルドー寄りの色になる。全体のおよそ20％程度ある白髪で、まるでウィービングで入れたハイライトのような立体感が生まれている。

カラー／鈴木貴裕（ジャパンヘナサロン）
モデルは54歳の方、ヘナ歴15年以上

自宅でできる頭皮にやさしいヘアカラー

資料⑫「レフィーネ」で染めた髪

→P117, 124（色はマロンブラウン）

モデルは52歳の方
ロングネックレス¥16,800（アトリエ ソウ）

POINT 1

トリートメントを全部つけ終わったら、両手で根元全体にもみこんで行き渡らせるとしっかり染まる。 この後にラップをして放置する。

POINT 2

どんな染料でもヘアカラーは温めることで染まりがよくなる。ラップの上から、保温効果のあるキャップを重ねると液だれ防止にも。

After

Before

資料⑬「リライズ」で染めた髪

→P120 アルカリカラーで染めている髪に、根元に「リ・ブラック」を3回、全体に「グレーアレンジ」を1回使用。どんなカラー剤とも併用できるので、美容院へ行く日程を見ながらつなぎとしても活用したい。

モデルは48歳の方

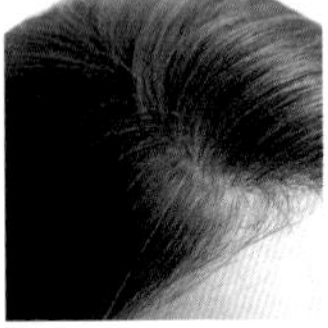

After

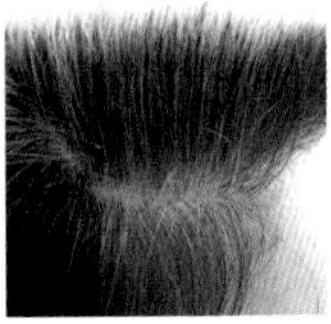

Before

（P80から続く）

伊熊　逆に更年期を超えて、閉経してからはどうなるのですか？

関東　70歳を超えると、発症は少なくなりますね。染める人が減るということもありますが、更年期世代はまだ若くてエネルギーがあるからこそ、過剰反応が出てしまうのです。若いと進行が早いのは、ほかの病気にもいえることです。

伊熊　染めた「履歴」が多ければ多いほど、起こりやすいという認識もあります。

関東　それもなくはないけど、1年でなる人もいれば、5年でなる人もいるので、必ずしもそうとは言い切れません。妊娠、出産、更年期のほか、内臓疾患や精神的に不安定な状況といったアクシデントがあればリスクは上がります。

カラーで刺激を感じたら、別の方法を視野に

伊熊　いつもピリピリしたりかゆみを感じていたりするのに「美容師さんにそれをいうと染めてくれなくなるから」といって我慢する、という人もいます。これはとても危険なことですね。

関東　**しみる、ピリピリする、かゆいなど、刺激を感じたら、ほかの方法を考えてほしいですね。**毛染めは酸化染毛剤だけではありません。ヘアマニキュアやヘアカラートリートメントだってありますよね。しばらく休んで、体調がいいときにまた普通に染められることもありますよ。

伊熊　ヘナはどうでしょうか？

関東　まず**気をつけてほしいのはヘナにPPDが入っていないか。**美容院に置かれているものは、PPDが入っているものが結構あります。お店にきちんと確認をして。入っていないものなら特に問題はないと思います。

伊熊　オレンジ色を黒にするためにインディゴと合わせてよく使われています。

関東　インディゴについてもデータをとってみました。ときどき患者さんが受診に来るところを見ると、アレルギーが出る可能性は十分あります。PPDほど強いアレルギー反応を誘発する可能性は低いですが……。現状、証明はできていませんが、刺激が出る人はいらっしゃいます。

伊熊　「植物は安心」と思っている人も多いんです。

関東　植物もアレルギーは出ますよ。欧米では生活習慣の違いから香料アレルギーは多いのです。日本でも使用が増えていて、ラベンダーやティートリーなど精油アレルギーが報告されています。

伊熊　PPDのアレルギーが欧米より日本で多いのは、日本の方がよく使われているからですね。

関東　PPDは色を黒く染色するために必要な成分。欧米人で黒髪にする人は少ないですから。

ゴシゴシ洗いすぎにも注意！

関東　それと、シャンプーで頭皮を洗いすぎの人が多いです。年齢と季節により洗い方を考えてほしいのですが、ゴシゴシ洗って頭皮に傷をつけてしまったら、そこから当然アレルゲンが入りやすくなります。

伊熊　ヘアブラシも、ときどき硬くて痛いものがありますね。頭皮に刺激を与えたほうがいいと思っている人もいるようです。

関東　それは**自ら傷をつけて皮膚のバリア機能を弱めているようなものです**。そうなったら、カラーどころかシャンプーするだけでしみますよ。もしそうなってしまったら、摩擦はやめて、シャンプーを低刺激なものに変えてみてください。ベビー用などがおすすめです。

伊熊　毎日のケアもヘアカラーも、見た目を整えることだけに注力しないで、自分の体の声を聞きながら行うべきですね。

関東　そうですね。皮膚は体や心の鏡ということを忘れないようにしましょう。

第3章

頭皮ファーストでも、ちゃんときれいなヘアカラーの選択肢

美容師から「自分では染めないで」と怒られる理由

根元白髪のチラ見え前に、美容院に行けたらいいけれど……

「染めてから2〜3週間で根元の白髪が気になる。でもそんなに美容院に行く時間もないし、お金もかかる」

「根元だけホームカラーで染めたら、美容師さんにやめて、といわれた」

「一日限りのマスカラでは完全に隠しきれないし、毎日塗るのも面倒」

そんな声をよく聞きます。この、**染めてしばらくして白髪がまた目立ってきた時期が私たちにとっては結構切実**。なんといっても7割の女性が「同年代の女性の白髪の有無が気になる」社会です（P15）。放っておいたら女がすたります。

美容院に行くのは女性にとって幸せな時間でもあります。でも現代女性はとかく忙しいもの。美容院に行く数時間を作るのは大変なことです。

さらに経済的負担もあります。1回のヘアカラーはリタッチで平均3000～5000円程度で、全体を染めたら1万円前後はかかります。カット代もプラスしたら1回で2万円近くの出費になることもあります。

最近ではヘアカラー専門店という、男性御用達のクイックカットならぬクイックカラー（主に根元の白髪のリタッチが中心）のお店もめずらしくなくなってきました。こうした形式が、あっという間に世の中になじんだことからも、白髪ケアを必須とする女性たちの切実さがうかがわれます。

知っておきたい、ホームカラー剤の落とし穴

美容師はなぜ私たちが家で染めるのを嫌がるのでしょうか。多くの美容師に話を聞いてみると、その理由はだいたいこの3つに集約されます。

①薬剤の反応で予測と違う色になるのを避けたいから

髪を薬剤で染めるということは、化学反応を起こさせることです。だからその**髪が今までにどんな薬剤でどんな反応を起こしてきたかという「履歴」がとても重要です。**常連のお客さんなら「履歴」をカルテなどで管理できるので、美容師も安心して染められます。

でも、その後お客さんが別の薬剤を使ったうえで再来店すれば、知らないところで「履歴」が塗り替えられていることになり、予測のつかない化学反応をしないかどうか、美容師はヒヤヒヤしながら染めることになってしまうのです。

以前、ごく一般的な白髪染め

染めるとき「髪の履歴」が重要です

用のヘアカラートリートメントで硫酸銀、銀塩などの感光性染料（光が当たると色が変わる染料）が使われていた製品がありました。それを使用した髪にアルカリカラーを重ねると、緑色になってしまうということが頻発しました※。もしそうなったら、私たちもショックですし、お店の責任問題にもつながってしまいます。

※「日光に当たると黒くなる」という製品が硫酸銀や銀塩を含むものにあたり、今でもいくつかは販売されています。最近では変色することに関しての注意書きがされているので、表示をよく見て選ぶようにしましょう。

②髪の状態をマイナスからゼロに戻すだけになってしまうから

根元だけホームカラー剤（箱に入った一・二剤式）で染める場合、美容院のカラーと同じ色に染められればいいのですが、美容師側からいうと「**お客さんが選ぶ色は、大抵暗い**」のだそうです。なので、美容師は限られた時間の中でその境目をなじませることに集中しなければならなくなり、ダメージを防げるカラー剤があっても、おすすめしたい髪色があっても、その提案が難しくなってしまいます。せっかくの機会におしゃれのプラスになる提案をしてもらえないのは、美容師にとってもお金を払う私たちにとっても残念なことです。どうしてもホームカラー剤を使って、美容院とのつなぎ的に染めたい場合は、ちょっと明るめかな、というくらいの色を選びましょう。最近では、美容院で施術すると、美容師の見立てた1回分のカラー剤を買って帰れるヘアカラーを導入している美容院もあります（P110）。そのほか、おすすめのつなぎの方法はP116から紹介しています。

③リアルに傷む可能性があるから

実際、ホームカラー剤は美容院のプロ用カラーで染めるよりも、髪や頭皮の傷みにつながりやすい側面があります。

原因のひとつはテクニックの問題です。自分で染めると放置時間を守れなかったり、ムラになってしまったり、すすぎが十分でなかったり、さらに頭皮の保護が甘かったり……。**ホームカラー剤は時間を正しく守って使用し、完全に洗い流すことを前提に作られた酸化染毛剤（医薬部外品）です。**流し残した薬剤が刺激になって、接触皮膚炎になるリスクもありますし、髪や頭皮のダメージにもつながります。

また、美容院のプロ用カラーに使われているアルカリ剤は、蒸発しやすく髪に残りにくいアンモニアが使われていることが多いのですが、ホームカラー剤はこのにおいが嫌われるため、においの少ないアルカリ剤が使われています。しかしにおいが少ない分、髪や頭皮に残りやすいという欠点があります。しっかり流しても、アルカリ剤が残ってしまえば、それが頭皮や髪を乾燥させる原因になってしまいます。

ヘアカラーを得意とする美容院では、プロ用の幅広い種類の薬剤を使いこなし、色の出方や染まり具合を経験と技術でカバーすることができます。また、頭皮に薬剤をつけない「ゼロテク」（P74）も可能ですし、ハイライト（P100）の技術で部分に限定してアルカリカラーを使うことで、頭皮へのダメージを抑えることもできます。

自分で染めないで、といわれると、お客側としてはなんとなく「そのほうが儲かるからでは？」と、邪推してしまいがちですが、実はどちらにとってもデメリットが多いから、ということは理解しておきましょう。

美容院でプロ用カラー？ 自宅でセルフカラー？

美容院と自宅染めの併用で、ストレスフリーに

ヘアカラーをする場所は美容院と自宅、どちらが多いのでしょうか。２０１８年全国理美容製造者協会の調査によれば、美容院派は40代で約6割、50代では5割弱、60代では4割くらいと、**年齢が上がるにつれ、次第に自宅派が増えていきます。**

髪を染めるのは美容院？ それとも自宅？

白髪が増えるとともに、**染める頻度が高くなって、毎回のことに疲れてしまう「染め疲れ」**のような状態になっている人もいるでしょう。忙しいというだけでなく、美容院に行くこと自体が面倒になったり、染める度にしみるのが我慢できなくなったり、費用が気になったり……いろいろな理由があると思います。

美容院は女性にとってヘアカラーを行うだけではなく、自分の見た目を客観的に見て整えてくれる大切な場所ですが、**併せて自宅で白髪をケアする方法を知っておくことも、「染め疲れ」から自分を解放するためには大切なことです。**アルカリカラーの場合は、前章の通り、頭皮と髪の健康を考えたら2か月に1回程度の間隔を目安にするのが長続きのコツ。もちろん、美容師に自分の要望や生活スタイルをきちんと話して、お互いにコミュニケーションをとりながら決めましょう。

「仕込みのハイライト」と「白髪ケアスケジュール」がポイント

頭皮の健康に問題意識をもって、しっかり対応してくれる美容院はたくさんあります。そういう美容院を選んだら、ヘアカラー剤はおまかせにしないで、**使っている薬剤がどんな製品かをしっかり聞いて、納得してから施術してもらいましょう**。

時間と予算に余裕があれば、ヘアカラーと同じ日に**併せてヘッドスパなど、頭皮や髪が元気になるケアを**してもらってもよいでしょう。また、**絶対に自分ではできないプロの技術が、ハイライト**です。

これはヘアカラーのオプション的なものですが、一定の間隔で引き出した少量の毛束を、全体より明るい色（ハイライト）に染め、毛束の筋を混ぜ込んでいく方法で、「ウィービング」「ホイルワーク」ともいわれます。逆に暗い色（ローライト）の毛束を入れることもあります。この方法なら、白髪をハイライトの中に入れて紛れ込ませ

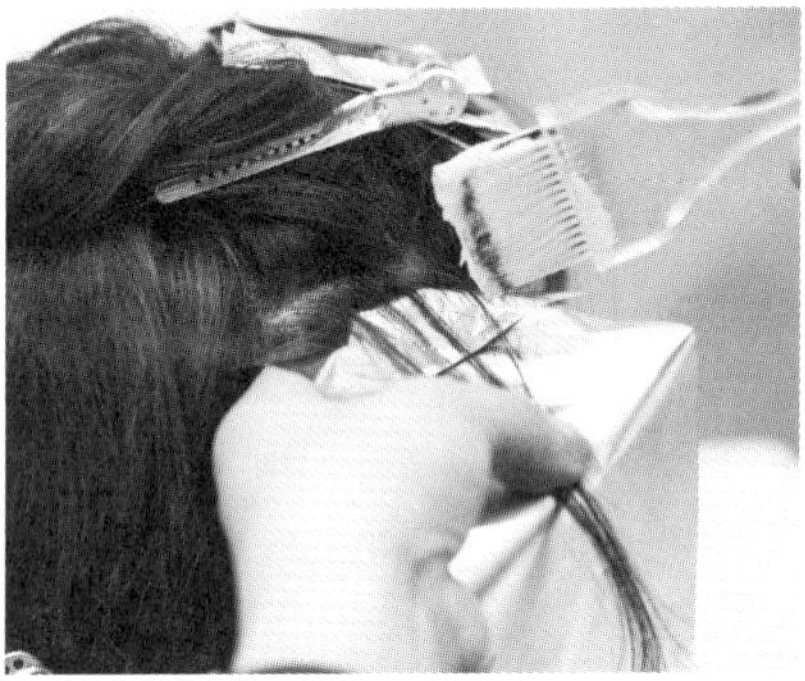

ハイライトは一定間隔で引き出した毛束だけに、ほかの部分よりも明るいカラー剤をつけ、アルミホイルに包んで染めます。

られるので、根元から白髪が伸びてきてもカモフラージュできると同時に、髪に厚みが出るような奥行き感が加わります。**「どこが違うかわからないけどなぜか素敵」というさりげないおしゃれさがあり、暗くなりがちな白髪染めをおしゃれにも見せてくれるプロならではの方法です。**

ハイライトを入れてもまだ根元の白髪が気になるのなら、一・二剤式のホームカラーは避けつつ、自分に合う方法でセルフケアをしてもいいと思います。もちろん、ヘアマスカラなどの1day《ワンデイ》リタッチ（P195）なら全く問題はありません。

おしゃれは、無理のないストレスフリーな方法で、自分が主体となって楽しむものです。**「こうでなくては」と決め込むことはストレスですし、自分が快適でなければ大人世代のおしゃれは続きません。**自分にとっていちばん心地よい、白髪ケアのスケジュールを作っていきましょう。

次のページからは、頭皮の健康を考えた「頭皮ファースト」な美容院のプロ用カラーと自宅でできるセルフカラーをご紹介します。

新しい白髪染め【美容院編】

白髪をカバーしつつ、流行を押さえた仕上がりになるので、美容院のカラーはおしゃれで華があります。２０２０年10月現在、全国の美容院で取り扱いがあり、**刺激を抑える新しい技術や工夫をしている人気のヘアカラー剤をご紹介します。**

※ ここで紹介するヘアカラーは、すべての人の皮膚に刺激が起きないということではありません。
※ 使用前には必ず皮膚アレルギー試験（パッチテスト）を行うようにしましょう。
※ ここで紹介するヘアカラーで染めたい場合、Ｐ２１５のお問い合わせ先に連絡して、導入している美容院を聞いてください。

美容院編 ① カラーがしみる頭皮敏感肌なら「**ルビオナカラー**」

乾燥しているからしみる、という原点に着目

先日、美容院のスキャルプチェック機器で頭皮診断をしてもらったところ、「頭皮が乾燥している」と診断結果が出ました。担当してくれた毛髪診断士に、40~60代の女性の頭皮の現状を聞いてみると、**9割は「極度に乾燥している」**という結果が出るとのこと。肌が乾燥していると、肌本来がもつバリア機能が乱れ、外からの刺激に弱い肌になります。

「白髪染め世代の女性の頭皮は、乾燥しているからしみやすい」という課題を第一に考えて作られたのが「ルビオナカラー」。サロン専用化粧品メーカー、タカラベルモントが2016年に発売し、2020年により刺激の少ない新処方になりました。

特にヘアカラーをつけた瞬間にしみる人に向いて

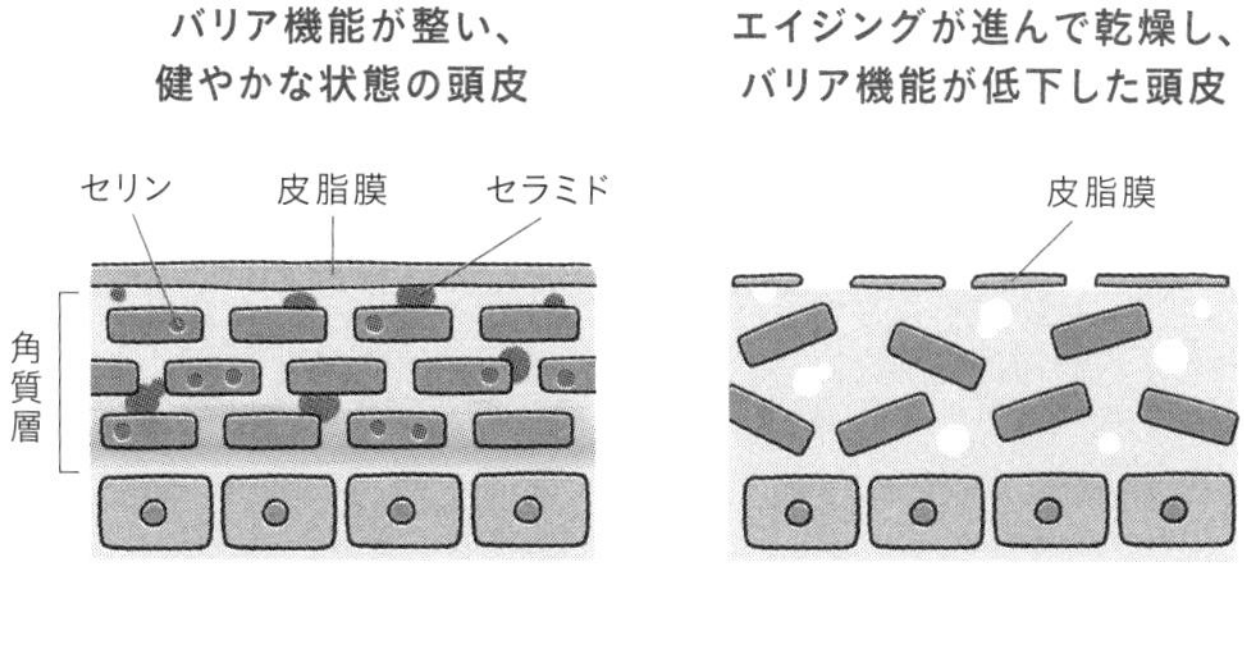

参考/ルベル(タカラベルモント)資料をもとに作成

います。ＰＰＤは配合されているので、ジアミンアレルギーがある人には対応していませんませんヽ。

カラー剤は一般的に頭皮を乾燥させます。一剤に刺激の原因であり、頭皮の脱脂作用をもつアルカリ剤が含まれているためです。カラー剤のｐＨ《ペーハー》は10〜12前後ですが、人の肌は弱酸性のｐＨ４・５〜６・０程度です。

　ルビオナカラーの最大の特徴は、カラー剤のｐＨをギリギリの数値にこだわって低くしたことです。だから、しみにくい。そのためヘアカラーの一連のプロセスからして違います。一般的な酸化染毛剤は一・二剤式ですが、こちらはさらにその前後で、

刺激の少ないアルカリ剤と、それを浸透させない保湿剤で、しみやすい敏感頭皮を潤しながら染める「ルビオナカラー」。放置時間に髪と頭皮のケアが一気にできる。㈲ルベル／タカラベルモント

Column

天然由来成分の多いカラー剤は肌にやさしい？

ヘアカラーのpHと毛髪への影響

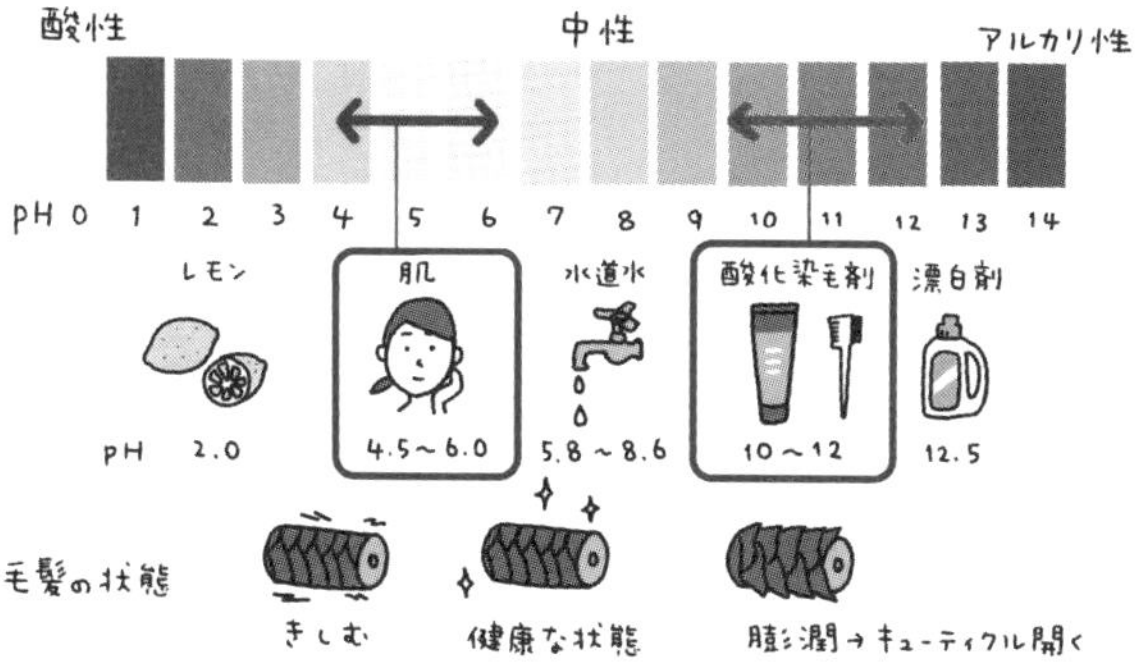

ヘアカラー剤はもちろん、化粧品ではよく「天然由来成分95%」というような表記があり、この比率が高いほど刺激がなくて肌にやさしい化粧品、と思ってしまいがちですが、それはちょっと違います。

刺激が強いか弱いかの物差しは、配合成分だけでなくアルカリ剤のpH値が高いか、低いかにもよります。極端にいえば99%が天然由来成分であっても、残り１%のアルカリ剤のpH値がものすごく高いとしたら、刺激のあるヘアカラー剤になりえるわけです。

もちろん自然派の成分には有用な効果が期待されるものがありますし、なにより安心感があります。でもそれだけでは短時間で髪を脱色し染色するというような劇的なことや、肌のバリア機能を瞬間的に回復させるようなことはできないと覚えておきましょう。

ステップ1で泡状の保湿剤を頭皮全体につけ、肌を潤すと同時に、疑似的な皮脂膜を作り、次にのせるヘアカラー剤に備え、肌を保護します。ここには敏感肌用スキンケアに欠かせないセラミドやアミノ酸のセリンが配合されています。

ふたつ目のステップは酸化染毛剤の一・二剤。一剤は刺激を減らして、皮膚のバリア機能を守り、頭皮を乾燥させないための低アルカリ処方。二剤は過酸化水素ですが、髪のダメージを防ぐため、酒石酸《しゅせきさん》という成分を入れて、過酸化水素による過度な酸化をコントロールしています。

また、一・二剤にはシア脂やローズマリーなどの天然由来成分を94％配合。塗布して放置する時間は、ステップ1の保湿剤を頭皮に浸透させる役割も兼ねています。

最後のステップはトリートメント。全体のトーンを整えるように、ほんのりと色みを足しながら、アミノ酸を浸透させ、しなやかさをプラスするのです。

もっとも明るい色は10レベル（P82）で、アッシュ系の色も揃い、白髪もしっかり染まります。乾燥性敏感肌の人におすすめしたい美容院のプロ用カラーです。

美容院編②

別モノのジアミンで染める「ヒュウ」

寒色が得意なPPDフリーのサロンカラー

欧米では、髪色を暗くする必要があまりないために、酸化染料のPPDの使用率は日本に比べて高くありません。そのため、PPDによるアレルギー発症率は日本やアジアの国に比べて低いのですが、それでも数件レベルで皮膚障害の事例があります。数年前にイギリスで訴訟に発展するようなPPDのアレルギー発症事故が起きてからは、感作性の少ない酸化染料を使用した製品を開発する動きが高まっています。

その染料の代表が**「硫酸トルエン-2・5-ジアミン」です。従来のPPDに比べて、感作の報告は少なく3分の1程度といいます。**その違いは、粒子の大きさ。PPDに比べて「硫酸トルエン-2・5-ジアミン」は粒子が大きいので、経皮吸収されにくいとされています。ただ、発色の面で、色の表現が難しいといわれていました。

そんな技術的な困難を乗り越えて2018年から発売されたのが、「HUE（ヒュウ）」というサロンカラー。「ヒュウ ファッション」（おしゃれ染め）、「ヒュウ グレイ」（白髪染め）とシリーズ展開しています。**これは「硫酸トルエン-2・5-ジアミン」を使った日本製のヘアカラー**。作っているのは、神戸の美容院専用化粧品メーカー、ナンバースリーです。1980年代の初めにアメリカで発売されたヘアマニキュアを日本で初めて取り扱ったのもこの会社で、世の中が今のような健康志向になる前から「ウェルビーイング（＝健康で幸福な）」という言葉を会社の目標として掲げています。

植物を原料とした天然由来成分を使用し、**PPDフリー以外にも、動物由来原料、アンモニア、シリコン、ナノマテリアルなどは使わない独自の基準を採用**。動物由来原料を含まず、動物実験をせず、遺伝子組み替え原料を使用しない製品につけられる**ヴィーガン認証、イスラムの戒律に従った製品であるハラル認証も取得**しています。

「ヒュウ」は寒色の色がしっかり出るので美容師からも人気です。日本人の髪がもつメラニン色素は赤みが出やすいこともあり、**赤を打ち消すアッシュやマット（グリー**

ン系）といわれる寒色系が好まれますが（Ｐ82）、このカラーにすると**「白髪染め感」のない、しゃれた印象になるのが大きな魅力**です。

　また、おしゃれ染めの「ヒュウ ファッション」には、「硫酸トルエン－２・５－ジアミン」すら入っていないジアミンフリーを実現している色もあります。これを美容師の裁量で「ヒュウ グレイ」と併用すれば、限りなくジアミンフリーに近づけながら、今どきのアッシュ系の白髪染めをすることも可能です。アルカリカラーならではのおしゃれなカラーにしたいけど、ＰＰＤが気になる、という人は、取り扱い美容院のもとで試してはいかがでしょうか。

ツンとくるにおいや頭皮への刺激になりやすいアンモニアフリーでもある「ヒュウ」。ツヤと透明感を足し、長期的なヘアダメージを軽減する「ヒュウグロス」も人気が高い。㊐ナンバースリー

刺激を見える化して開発「オルディーブ シーディル」

データを生かして、いかに刺激を抑制できるか追求

化粧品開発の現場では、安全性なども含め発売前に様々なテストが行われています。そこで刺激の度合いがどのくらいか、客観的にわかる基礎技術を開発したのが、業界トップの美容院専用化粧品メーカー、ミルボンです。医薬品を新規で作る際に安全性評価のために使われる**人工の皮膚を用いて、刺激の度合いが高いか低いかを見た目でわかるようにしたのです。**さらにその刺激の度合いまで数値化されます。

その方法を用いて作られたのが「オルディーブ シーディル」というサロンカラー。刺激を抑制する効果の高い植物性オイルを配合し、いかに頭皮に刺激の少ない薬剤を作ることができるかを徹底的に研究。**圧倒的にしみにくく作られています。**ただ、PPDは配合されているので、ジアミンアレルギーには対応していません。

このカラー剤には、ほかにも画期的なことがふたつあります。

ひとつは、**おしゃれな寒色系の色、つまりアッシュ系やマット系のカーキ色（P82）などが褪色《たいしょく》したときに、赤く残りづらい**ことです。一般的に、白髪染めは白髪をしっかり染めるために、茶色の染料をベースに作られています。日本人の髪のメラニン色素は赤みが強く、茶色の染料はしっかり残るので、時間が経つとアッシュやカーキの寒色よりも赤みだけが残ってしまいます。この製品はベースを茶色ではなく、数色を組み合わせて作った黒っぽい「無彩色」にしたので、寒色が褪色しても赤みが出にくくなりました。

もうひとつの画期的な点

「インターバルリケア」と呼ばれるおうち染め１回分セット。市販のホームカラー剤では見当たらない、サロンカラーと同じ処方の無彩色ベースのアルカリカラー剤が入っている。そのほか、ヘアカラー後の頭皮をケアするトリートメント、調合用のトレーなどもセットされ、これひとつで生え際や根元の白髪ケアが初めてでも簡単にできる。㊂ミルボン

は、これで染めると希望に合わせて、**美容院で染めた色と同系色の「お持ち帰り用おうち染めセット1回分」を買えること**※です。これがあれば2か月程度はリタッチに行かなくても、安心して過ごせる人が増えるでしょう。

染料のベースが無彩色だから、お客さんに市販のホームカラーで染められてしまうと、次回その修正が大変、という事情もあるのでしょう。とはいえ、サロンカラーなのにホームカラー剤を提供してくれるのはうれしいかぎり。

なお、お持ち帰りセットは、自分の指でカラー剤を塗布できるように工夫されていて、やり方を動画でも見られるので、初めてでも安心です。

※「インターバルリケア」。このセットは美容院によっては取り扱いがない場合もあります。

美容院編④ プロ仕様のヘアカラートリートメント「輝髪《きらがみ》ペインター」

ジアミンフリー&過酸化水素フリーで低刺激

ＰＰＤなどのジアミン系酸化染料や過酸化水素を避けて髪を染めたい、という人の選択肢になるのが、ヘアマニキュアやカラートリートメントなどの「半永久染毛料」です。

美容院ではヘアマニキュアをすすめられることが一般的です。けれど、ヘアマニキュアは爪のマニキュアと同じようなアルコール類を使っている点が気になりますし、**肌に付着すると落ちにくい**ため、地肌から浮かせて塗布するのが基本。白髪が根元から見えてくるのが早いので面倒を感じる人も多いようです。

そんな中、**最近見かけるのが、プロ仕様のヘアカラートリートメント**。染める成分は、塩基性染料やＨＣ染料です。これらは化学変化を起こして発色させるＰＰＤなどの酸化染料に対し、絵の具のようにもともとの染料の色がそのまま発色するので、直接染料といわれています。メイクアップ化粧品などにも使われていて、酸化染料に比べれば低刺激です。

たとえば、美容院専用化粧品メーカーのサニープレイスという会社から発売されている「輝髪ペインター」。市販のヘアカラートリートメントは髪の表面に色が残るだけですが、これはキューティクルの内側にまで浸透するので、濃くしっかり染まります。また市販のものは通常1週間程度しかもちませんが、こちらは3週間ほどもち、きれいなツヤが出ます。しかも、**地肌についても色は残らず、頭皮のための保湿成分も配合されていて、地肌から塗ることができます**。根元の白い部分が気になるまでの期間も長くなるので、全体的にもちのよさを実感できます。

デメリットとしては、染めてから4〜

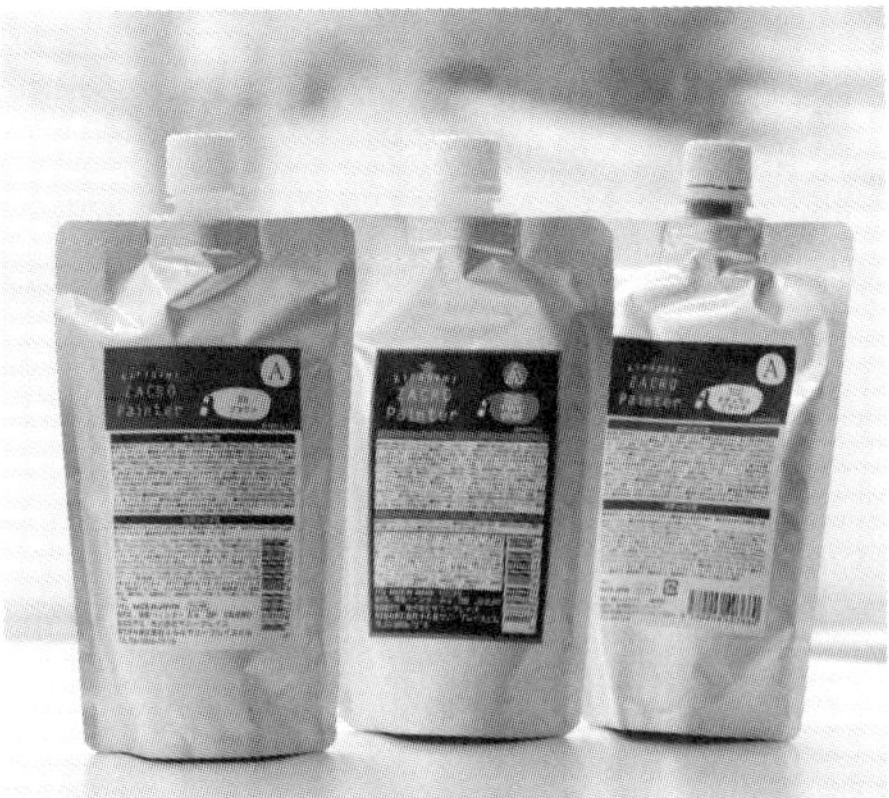

最初はあまり色もちがよくないものの、続けるうちに徐々に染料が蓄積され、色が長もちします。髪の内部を修復する効果もあり。㈱サニープレイス

5日は色落ちするということ。とはいえ、白髪に戻ってしまうほど色落ちするわけではないので、ほとんどの人にとっては許容範囲のレベルでしょう。何度か塗っていくと、色の定着率は上がるようです。

自分の元の髪の色より明るくすることはできませんが、ダークブラウン系だけでなく、ブルー系もあるので、おしゃれ感のあるアッシュ系のニュアンスにすることもできます。何よりも、ジアミン系酸化染料や過酸化水素を使っていないのが、成分を気にする人にはうれしいところ。アルカリ剤は入っているものの、**しみたりかゆみが出たりという事例は少ない**ようです。

新しい白髪染め【自宅ケア編】

１００％自分で白髪ケアする人はもちろん、美容院に行くまでのつなぎとして使う併用派にもおすすめのホームヘアカラーアイテムを紹介します。

自宅ケアで頭皮と髪の未来を考えるなら、**一・二剤式の酸化染毛剤より、半永久染毛料のヘアカラートリートメント類がベターな選択**だと思います。その理由は

・かぶれやすい人でも使える
・酸化染毛剤と併用しても仕上がりに影響しない※
・失敗が少ない
・ドラッグストアやネット通販などで手に入りやすい
・お風呂で手軽にできる

と、いいことがたくさん。デメリットは、酸化染毛剤のようにガッツリ色が入らな

いことです。でも染まる力が強くないからこそ、失敗しないともいえます。

※ まれに製品によっては、酸化染毛剤を重ねたときに、カラートリートメントの染料の色バランスがくずれることで、意図しない色が出てしまうことがあります。心配な場合は、美容師に確認してみましょう。なお、「日光に当たると黒く染まる」タイプのヘアカラートリートメントは、硫酸銀という成分により、酸化染毛剤と併用することで意図しない発色をすることがあるので、注意しましょう。

自宅ケア編①

色付けしながら頭皮が元気になる「レフィーネ」

おうちヘアカラートリートメントの火付け役

ヘアカラートリートメントは多くのメーカーから発売されていますが、なかでもおすすめは**ヘアカラートリートメントブームの初期に発売された「レフィーネ」**。現行の「レフィーネ ヘッドスパトリートメントカラー」は２００６年にその前身の初期タイプが出てから、長年愛され続けている製品です。

販売しているのは、ウイッグ・育毛料を製造するドイツのメーカー、スヴェンソン。日本のスヴェンソンでは、長年、ウイッグの顧客を中心とした育毛サロンを展開しています。その現場では、ヘアカラーの頻度が高い人の頭皮が赤くなっていたり、薄毛になっていたりすることが問題視されていました。「**頭皮を健やかに育むことは、薄毛を予防し、年をとっても豊かな髪をキープすることにつながる**」。現在ほど頭皮ケアの意識が高くなかった時代に、こうした考え方から生まれた製品です。

それまでのセルフカラーは、一・二剤式の酸化染毛剤が主流だったので、しっかり染まること、早く簡単に染まること、髪にできるだけダメージを与えないことの3つが優先されがちでした。でも、「レフィーネ」は原点が〝薄毛にならないためのヘアカラー〟なので、頭皮の状態をよくすることも外せない項目。瞬間的に白髪が見えなくなったり、髪の手触りがよくなったりするだけでは、未来の髪を豊かなまま持続することはできない、と考えているのです。

この製品は、全体になじませた後に頭皮をマッサージすることで、**頭皮の血流アッ**

プとクレンジングを叶えてくれます。ドイツの育毛料の会社とあって、ご当地ドイツ産のファンゴ（泥）など、12種類もの頭皮ケア成分を配合。マッサージしやすいクリーム状で、まさに、「ヘッドスパ」！　週に数回、継続して使っていると、肌荒れ状態の頭皮がスッキリ爽快になって、透明感を取り戻していきます。

染める成分は前述の「輝髪ペインター」同様、低刺激な塩基性染料やＨＣ染料です。色によってはウコンやクチナシといった植物系染料も使用されています。気になる**ｐＨは弱酸性寄りの中性なので、頭皮も髪も乾燥しにくい処方です。**

きちんと使えばしっかり染まり、髪を補修する成分もふんだんに配合されているので、自然なツヤが出ます。カラーバリエーションもあるので、ニュアンス程度なら色付きも楽しめますし、男性にもおすすめです。特に男性は

汚れを吸着するファンゴのほか、血行や新陳代謝の促進、保湿成分など豊富な天然植物エキス配合。スヴェンソン レフィーネ ヘッドスパ トリートメントカラー（全５色）300g ¥3,334

黒々と染めるより、この自然にぼかした雰囲気が上品な気がします。

ボトルにイラスト入りの使い方が比較的大きな文字で書かれていて、お風呂の中で読みやすいこともメーカーの心配りを感じさせます。何よりも、多くの女性に10年以上愛され続けていることが支持されている証。セルフカラー初心者の方から、ベテランの方までだれにでも使いやすいアイテムです。

自宅ケア編②

元の自然な黒髪色を取り戻せる「リライズ」

天然由来成分〝黒髪メラニンのもと〟で染める

ヘアカラートリートメントとはちょっと違うタイプのものですが、花王の「リライズ」もまた、**美容院と自宅の併用派やヘナ（第4章）派にもおすすめ**できるアイテムのひとつ。ヘアカラー剤はどれも染料を使って髪を染めますが、**「リライズ」は染料**

ではなく「黒髪メラニンのもと」という、髪のもともとの色素であるメラニンをお手本に、**独自に作られた天然由来100％の成分で染めます。**

メラニンとは、P36でもお話ししたとおり、肌や髪を黒くする色素のこと。「だったら白髪をメラニンで色付けたら、自然なのでは？」というシンプルな着想からこの研究が始まったといいます。

ことの発端は、昭和30年代頃、日本酒作りの製造現場。そこでは**真っ白い麹の発酵過程で、なぜか黒い麹ができてしまう**ことに手を焼いていました。なぜそうなるのかを研究したところ、麹の中に「チロシナーゼ」というメラニン色素を作る過程で不可欠な酵素があることがわかったのです。それは、老舗の酒造メーカーの「月桂冠」。２００１年にその研究発表がされたところから、花王との共同研究が始まりました。その後、花王が発見した植物由来の原料などをかけ合わせ〝擬似的なメラニン〟を作り出す成分「黒髪メラニンのもと」が誕生し、２０１８年「リライズ」は発売されました。

「リライズ」最大の特徴は、髪の内側には浸透しないこと。アルカリ剤でうろこ状のキューティクルの間を少しだけ開かせて、定着しながら色づいているような状態です。酸化染毛剤ほどキューティクルを大きく開かないので、髪に負担がかかりません。使うのをやめれば、次第に色は落ちていきます。染料をかけ合わせたほかのヘアカラー剤のように、赤っぽく残ることもなく、単に黒が薄くなっていくイメージです。

1回の使用ではさほど染まりませんが、**3回使うとしっかり染まっていきます。**しかも、仕上がりも「ふんわり」と「まとまり」から選べるので、ただ黒くなるだけでなく、**気になる髪質の状態もよくする、**というおまけつきです。

リライズの染まるしくみ

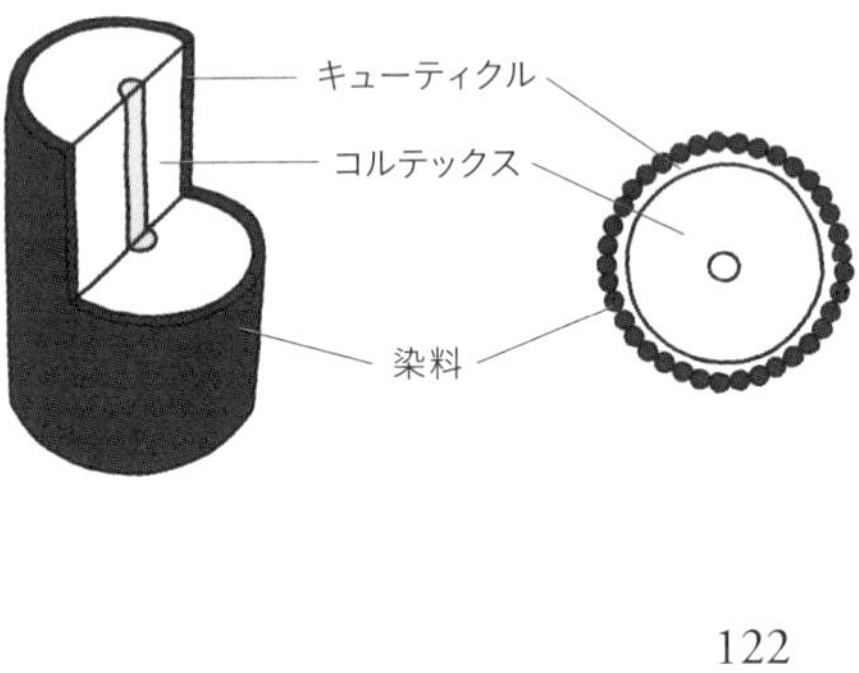

色は黒とグレーの2色。グレーを使うとバリエーションが広がります。カラー専門用語のアッシュとは灰色のこと。たとえば　アルカリカラーで茶色っぽく染めていて、

少し色が抜けてきたときに、「リライズ」のグレーを全体に使うと、落ち着いたアッシュブラウンになり、パサつきが抑えられてツヤも出ます。

しかも、次に美容院に行くまでのつなぎとして、どんなカラーとも相性がいいのがうれしいところ。ベースがアルカリカラーだろうが、ヘアマニキュアだろうが、ヘナだろうが、〝擬似的なメラニン〟なので次に染めるときに変色するなどの問題が起こることはありません。ただ、黒系を頻繁に使うと、かなり暗くなってくるので、美容院に行く直前の2〜3日くらい前になったら、中止しておくほうがいいでしょう。

放置時間はたったの5分。急いでいるときにも便利。花王 リライズ　白髪用髪色サーバー 全2色（リ・ブラック、グレーアレンジ）・各2タイプ（ふんわり仕上げ・まとまり仕上げ）155g ￥2,700（つけかえ用190g ￥2,700）いずれも参考価格

これで染まる！ヘアカラートリートメントの使い方のコツ

シャンプー後、しっかりタオルドライが基本

「使ったことはあるけど、ヘアカラートリートメントってしっかり染まらないですよね」とよく言われます。でも、使い方次第でちゃんと染まります！（P88資料⑫）

製品には大抵「いつものトリートメントをこれに変えるだけで、徐々に白髪が染まります」といった説明が書かれています。この「いつものトリートメントを変えるだけ……」というのが誤解のもと。普通にシャンプー後にコンディショナーやトリートメントのように使っていたら、確かに染まりにくいでしょう。

染まりにくいと思った人は、シャンプー後の髪に軽く水気を切っただけでカラートリートメントをつけていませんか？**カラートリートメントをつける直前は、一度しっ**

かりタオルで髪を拭いてみてください。濡れた髪は水気をたっぷり含んで膨潤しているので、カラートリートメントが入り込む余地がありません。ちょっと面倒でも、**しっかりタオルドライをしてから髪に塗りましょう。**

カラートリートメントは、染めるように塗ります。塗り方にもコツがあります。表面の根元になでつけるだけだと、髪をかきあげたときに内側が真っ白、ということになりがちです。**たっぷりの量をお皿やラップなどの上に出し、ヘアカラー用のハケでカラートリートメントをすくいながら使いましょう。**特に白髪の量が多い人はこの方法がおすすめです。白髪が少ない人や、ハケを使うのが苦手な人は、**指先でコームのように分けながら塗りましょう。**

用意するもの

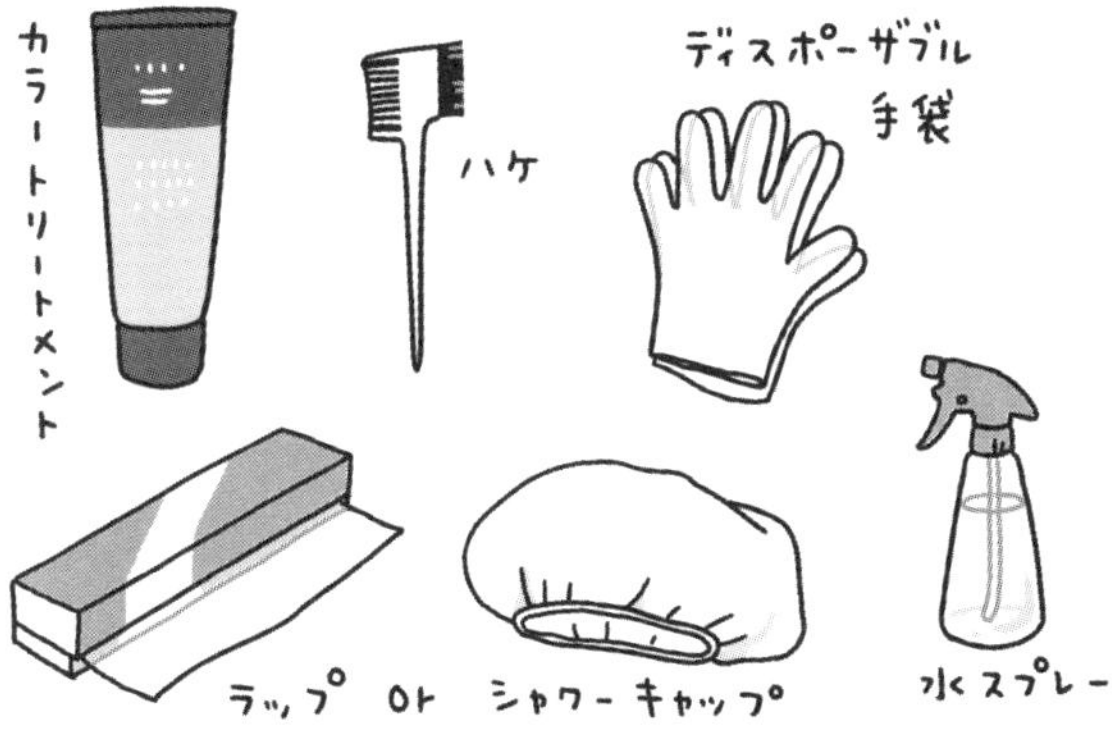

塗り方のコツを押さえて、サロン級の仕上がりに

最初にハケのブラシ側で生え際全体に塗ります。生え際の白髪は染まりにくいので、たっぷり塗り、塗り終わったらハケのコーム側で軽くとかし、短い白髪をなでつけておきます。

次は、頭頂からサイドです。最初にふだんの分け目の線の上を塗ってから、その線の1～2センチ横に並行にハケのとがった部分で髪を分けます。新しくできた分け目の頭皮にブラシ側でたっぷり塗り、コーム側で塗った部分を軽くとかします。これを繰り返しましょう。

生え際と根元だけならこれで完了ですが、余裕

ハケを使って髪を分けます

があれば後頭部も。後頭部は横一文字に髪を分けて、同じように分け目の頭皮に塗りますが、やりづらいのでハケを使わず、根元に指でつけても大丈夫です。

　塗り終わった後にはコツがふたつ！　**髪の下側から指を入れ、直接塗っていない部分にも行き渡るようにトリートメントをもみ込みます。**毛先までなじませるかはお好みで。髪が長い人は後ろをゴムでまとめておきましょう。そして、**熱を加えると色がよく入るので、シャワーキャップをします。**ホテルのアメニティで置いてあるディスポーザブル（使い切り）のものでもいいし、温熱効果のあるアルミキャップならなおよし。面倒でなければ、ラップをぴったり頭に貼ってから

後頭部もハケを使って

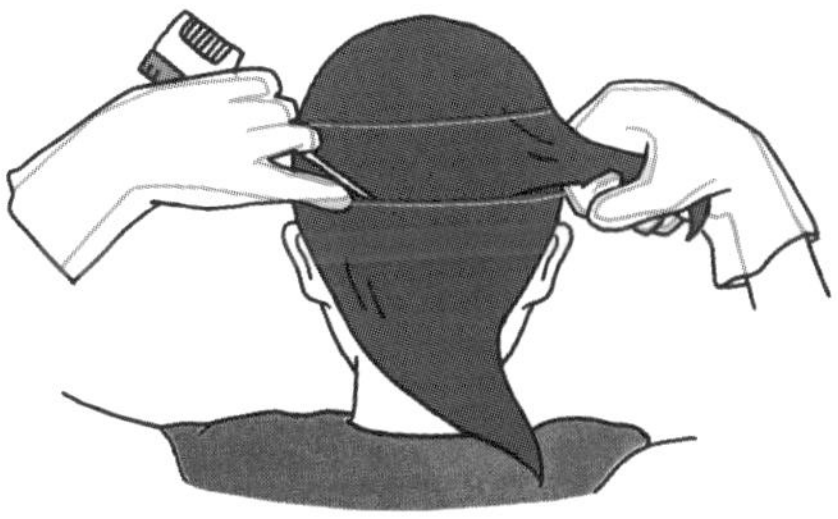

やりづらければ手でもOK

かぶれば、液が垂れてくるのも防げるのでおすすめです。その後、湯船でじっくり温まります。**要は、トリートメントというよりカラー剤のように使うことできちんと染まるのです。**

さらにしっかり根元が染まる乾いた髪バージョン

シャンプー前の乾いた髪に使えるものを選ぶのもポイント。実は乾いた髪に使うことで、色がより入りやすくなります。

お風呂に入る前に、服をすぐに脱げる準備をしておきます。寒くなければ服を脱いでバスルームの中で行ってもＯＫ。髪が**乾いているときの方が使う量が多くなるので、あらかじめ濡れているときの倍量くらい中身を出しておきます。**少し作業がしやすいように、全体に軽く水スプレーをして濡らしておいてからスタートします。

塗る順番は濡れているときと同じ。ハケで生え際を塗り、コーム側でとかして、頭頂から各サイドへと塗ります。塗り終わったらもみ込み、ラップ（好みで）＋シャワーキャップをして、すぐに湯船へ。10〜15分くらい温まれば理想的です。放置時間が完了したら、軽く流しその後シャンプーをします。カラートリートメントが手についていてもシャンプーで落とせますし、お風呂の時間を効率的に使えます。

カラートリートメントの色選びのコツ

カラートリートメントの色を選ぶときは、自分の髪の色より一段明るいくらいがおすすめです。自然光で見たときに、全体的に透け感がある方がおしゃれな雰囲気になります。顔周りを暗い色で取り囲んでしまうと、一気におばさんっぽい雰囲気になるので要注意です。

最近では、白髪を染める目的だけでなく、おしゃれ用のピンクやゴールドといった**カラーバリエーションが豊富なものもあります**。いつもはしっかり白髪を隠せるものを根元に使いながら、**ときにはほんのりカラーの入るものを使って全体に色のニュアンスをのせる**のもいいでしょう。また、アルカリカラーだけで染めている人も、褪色してきたときに使えば、ツヤとニュアンスカラーをプラスできます。

色がおすすめのカラートリートメント

黒真珠由来成分やマカデミアナッツ油などが髪を保護。特にアッシュブラウンやグレーベージュは、明るさも色も今どきな印象に仕上がる。メロス コスメティックス フラガールカラートリートメント（全6色）250g ￥2,000

色のバリエーションが豊富。根元はブラウン系のヘアカラートリートメントを使って白髪を染めつつ、カーキやゴールドといったニュアンスカラーを全体に重ねてみて。ダリヤ アンナドンナ エブリ カラートリートメント（全12色）160g ￥1,400

第3章まとめ

▼「染め疲れ」のないストレスフリーな白髪ケアスケジュールを考える。
▼美容院のカラー剤もおまかせにしない。特徴をよく聞いて決めること。
▼「半永久染毛料」は、頭皮と髪をケアしつつ美容院でのカラーとも併用可。

INTERVIEW 2

美容院に聞いてみた！

「しみる原因は、頭皮も乾燥肌だからです！」

美容師・ヘアカラーリスト
中田巧樹さん（右）

1987年生まれ。「ウカ東京ミッドタウン六本木」カラーマネージャー。23歳でジアミンアレルギーを発症しながらも、ヘアカラーリストとしてロンドン、シンガポールで研鑽を積み、2018年に帰国。繊細な色の表現を叶えながら、頭皮への刺激にも最大限に配慮する姿勢で、おしゃれな大人の女性に幅広く支持されている。

ジアミンアレルギーの美容師として

伊熊　アレルギーはよく美容師の離職理由に挙げられます。中田さんが続ける理由はなんですか？

中田　**ヘアカラーはその人の印象をすぐに変えられますよね。**カラーを変えると考え方が前向きになる方を多く見てきて、やりがいを感じるんです。

伊熊　なるほど。でもヘアカラーは楽しいけれど、刺激を考えると躊躇してしまいます。中田さんの場合、アレルギーの症状はどう出たのですか？

中田　23歳の頃、練習のために週1で自分の髪をカラーしていたせいです。明らかにやりすぎ。アレルギーもちではなかったのに、突然起こりました。

伊熊　お仕事に差し障りませんか？

中田　手袋をしますし、僕の場合、首から上に症状が出るんです。出ると知りながら最後に染めたときは、頭皮を触るとブヨブヨとして汁が出てきて慌てて病院へ。治るのに4〜5日かかりました。

伊熊　無謀な若者……！　でもそういう経験をされたからこそ、私たちのアレルギー予防のために最善を尽くしてくれるのだろうと想像できます。

中田　どうしたら僕のようにならずにカラーを楽しんでもらえるだろうかと常に考えていますね。

「しみる」を解決するアンモニアフリー

伊熊　大人の女性は大抵カラー剤がしみることを経験して、悩み始めます。

中田　しみたら即アレルギーになるわけではありません。**しみる人は大抵頭皮が乾燥していてフケも出ていたりする。**頭皮を見ればすぐにわかります。

伊熊　大人の女性はほとんどが乾燥肌といいます。

中田　はい。なので、まずは水分ベースの保護剤で乾燥状態の頭皮を保湿してバリア機能を高め、その後、アンモニアフリーのカラー剤を使います。

伊熊　アンモニアはアルカリ剤ですね。

中田　カラーの本場である欧米では、髪を暗くする需要がないので、ＰＰＤフリーよりも、しみる原因となりやすいアンモニアをなくすほうが主流です。しみる人にはこういった海外のカラー剤がおすすめです。

伊熊　なぜしみるのかがわかると安心しますよね。白髪のある人にはどんなカラーがおすすめ？

中田　やはり**赤みのないアッシュ系は、日本人にとって永遠の定番人気かもしれません**（Ｐ83資料④）。白髪染め＝赤くなる、暗いというイメージがありましたが、今ならこのくらいクリアに出せます。伸びてきたときに根元の白髪が目立つのが気になるなら、ウィービングの技術でハイライトを入れる方法をぜひ。白髪もなじませられて自由な色が楽しめます（同⑤）。ジアミンアレルギーの方なら、ノンジアミンのカラー剤で染めることもできますよ。

伊熊　やはりプロのカラーは美しい！　信頼できるカラーリストさんが近くにいたら心強いですね。

第4章

今、大人女性が気になって仕方がない「ヘナ」のトリセツ

「ヘナ」は白髪が染められる植物のこと

古くから体の彩色に使われていた樹木の葉

白髪をヘナという樹木の葉で染めると初めて聞いたとき、義母が草木染めで古い着物地を染めていたのを思い出しました。

髪の毛はその構造が「繊維」のようでもあります。キューティクルの内側にあるコルテックス細胞の中にはマクロフィブリルという髪の骨組みになる物質があり、それは硬い繊維状のケラチンタンパク質でできているからです。

白生地の着物を染めるように、**白髪を草木染めするのがヘナ染めです**。

ヘナは、北アフリカから南アジアに分布するハーブで、学名はＬａｗｓｏｎｉａ ｉｎｅｒｍｉｓ（ローソニアイネルミス）といいます。葉の部分に赤色色素のローソンが含まれていることを意味しています。**その染色の作用が古くから知られ、イスラムやヒンズーの世界では、装飾用染料や薬草として用いられてきました**。

約５０００年も前の古代エジプトでは、高貴な女性のメイク用やミイラを包む布の染料として。インドでは花嫁への祝福や魔除《よ》けの意味を込めて、手足に宗教的で美しい模様を描くボディペイント、ヘナタトゥーとして。そして、もちろん髪染めとしても。特に女性に身近な植物であったことがうかがわれます。

一方で、インドの伝承医学であるアーユルヴェーダにおいても**火傷の治療や止血、湿布などに施す薬草としても重用されてきました**。デトックスの薬効もあるとされ、入浴剤やボディパックなどにも用いられているといいます。

この葉のローソニアという主成分の中にオレンジ色になる赤色色素を含んでいます

が、ヘナの葉自体は緑色です。私たちが髪染め用として入手できるのは、**葉を乾燥させて粉末状にしたヘナのパウダー**。うぐいす色の緑の粉末で、新鮮なものは抹茶のような、あるいは畳のい草のような香りがします。

これをお湯で溶いてペースト状にし、髪に塗布すると、しばらく置くうちに、白髪がオレンジ色に染まります。ヘナの赤色色素が髪の主成分であるケラチンタンパク質に絡みついて発色するのです。

純度の高いヘナで染めると3週間ほど色持ちしますが、何度もヘナを重ねていくと**染料が髪の外側のキューティクルに絡みついて**いくため、黒髪の部分の色も深くなっていきます。

ヘナとはミソハギ科の植物で、和名は指甲花《しこうか》。その葉を9～11月ごろに収穫し、乾燥させてパウダー状にする。インドで栽培された輸入のものが中心。

白髪を染める、古くて新しい選択肢

品質のよくないヘナがもたらしたネガティブイメージ

日本の美容院でヘナが扱われるようになったのは、1970～1980年代頃で、主な原産地であるインドから、というより、早くから髪を染める美容材料としてヘナを取り入れていたアメリカから輸入されるほうが多かったようです。

それから既に50年近く経っていますが、名前は耳にしたことがあっても、実際にそれが何なのかよくわからない、という人は多いでしょう。そして、よく聞かれるのは**「ヘナって体に悪くないの？」という疑問です。**

以前、粗悪なヘナによる問題が多発したことがそのイメージにつながっているのでしょう。「天然のヘナ」とうたいながら、PPDなどの酸化染料が入った通称「ブラックヘナ」や、古いパウダーが新鮮に見えるよう、緑に着色したヘナが出回ったことで、かぶれやアレルギーなどの皮膚トラブルが起こり、問題になったことがありました※。**ヘナは自然染料ですから、化学染料に比べたら染まるのに時間がかかりますし、染まり方が薄くマイルドです。**美容院にとって、経営面や美容師の教育などの点から見ると、合理的ではないことから出てきた結果でしょう。

また質のよいものは生産地でも希少なため、流通に不透明な部分も多く、不純物が含まれた品質のよくないものが出回ることもあります。その経緯を耳に挟んだことがある人なら、ヘナそのものについていぶかしむ人も多いかもしれません。

オレンジ色にしか染まらないこともあまりメジャーにならない理由のひとつ。美容師は当然ながら、ファッション性を意識する人が多く、色が限定されるヘナは「アルカリカラーができない人用」という消極的な選択になりがち。また、アルカリカラーに慣れた女性の側も、ヘナに移行するのはよほどの理由がないと難しいものです。

※ ＰＰＤ入りのヘナは、「ジアミンヘナ」「ケミカルヘナ」と呼ばれ、今も美容院などで取り扱いがあります。

若い世代も注目。国産ヘナも登場

しかし、ナチュラル志向や健康ブームで、再びヘナが自然の染料としてじわじわと注目を集め始めました。日本国内では、ヘナが入ってきた当初、毛染めとしては認められておらず、「雑貨」扱いでしたが、**現在の薬機法では100%天然のヘナは「化粧品」の分類に入っています（P53）**。

その後も紆余曲折を経て、今では、輸出側も受け入れる日本側も品質への意識が高まり、厳しい品質管理を行っているメーカーが増え、状況は変わってきたように思います。エコサート認証※など、品質に関して第三者機関のお墨つきを得た上質なものが多く出回るようになってきていますし、国産を求める声から、**少量ながら沖縄でもヘナが栽培され、国内でヘナが生産されるようになりました**。

また、高齢女性のもののように思われていたヘナが、**自然環境問題に興味をもつ若い世代からも支持を得ているのも最近の傾向です**。オレンジ色にしか染まらないヘナを、逆にうまく利用するようなカラーも提案されてきています。

ファッション性が高いアルカリカラーと、自然素材らしいやさしさをもつヘナ。ケミカルだからダメで、ナチュラルだからよいと単純に片付けるのではなく、それぞれにメリットとデメリットがあるので、それを**よく知った上で、その人のライフスタイルや価値観、そして状況に合わせて選べばいいと思います。**

アルカリカラーも、前述の通り刺激を極力減らして、傷みを軽減する内容に進化してきています。これまで**アルカリカラーが常識だったところから、ヘナが価値のある選択肢として進化したこと自体が、私たちにとってすばらしいこと**ではないでしょうか。選択肢は複数あったほうがいいはずです。

※　エコサート認証……エコサートは、フランスに本部をもつ、世界最大規模の国際的な有機認証機関。天然由来原料の使用率や、有機原料の使用率などが厳格に定められている。

ヘナって結局何色に染まるの？

白髪の分量や黒髪の色みによって、100人100通り

ヘナによる白髪染めの特徴は、**白髪は染まるけれど、黒髪はほとんど染まらないことです**。黒い布を草木染めしても、ほとんど色に変化がないのと同じです。黒髪の外側にどれほどヘナの赤色色素がくっついても、うっすらオレンジ色のニュアンスがつくだけで、オレンジ色にはなりません。**ヘナ染めがアルカリカラーと比較して「明るくならない」といわれるのはこういう理由です**。

ヘナ染めでは髪全体の色を決めるのは主に白髪の量です。白髪の量が黒髪より少なければ、オレンジ色に染まった白髪が黒髪の中で筋状に見え隠れします。適度なハイライトのようなイメージです。逆に白髪が多ければ、オレンジ色に染まった髪の量が

多くなるので、全体的にオレンジみが強い印象になります。さらに、**その人の黒髪の色みによっても発色が変わります。**白髪の量と髪質はそれぞれなので仕上がりは本当に千差万別といえます。街でヘナ染めの人を見て「あの人素敵！　あんな色にしたい」と思っても、まったく同じ色にするのは難しいのです。

ヘナを使いながら黒髪に染める方法

実は、ヘナをオレンジではなく、黒っぽく発色させる方法もあります。**ヘナとインディゴを併せ使いするのです。**インディゴはジーンズや藍染めに使う、主に植物を由来とした青色の染料の総称です。髪染めに使われるのは、ナンバンアイというマメ科の植

ヘナ100%だとオレンジに、
インディゴを混ぜると黒っぽくも染まる

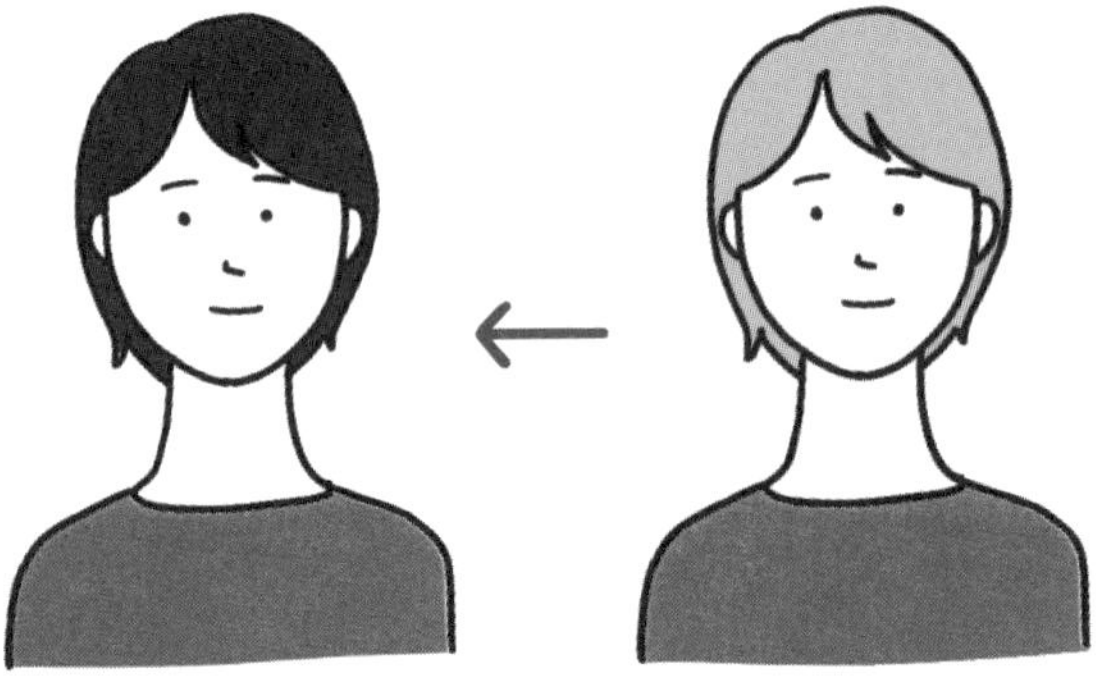

物の葉のほか、ウォード（ホソバタイセイ／アブラナ科）、タデアイ（タデ科）などの青色染料もあります。この深い青色とヘナのオレンジを合わせると黒っぽい色になります。ヘナ染めにおいてはこの組み合わせは普通のことですが、一般的にはまだまだ知られていないようです。

インディゴは、市販のヘナパウダー製品にブレンドされていることも多々あります。市販のヘナを購入するときに「ダークブラウン」「ライトブラウン」など色のバリエーションがあるものを見たことはありませんか？

「ヘナはオレンジにしか染まらないのに、もしや何かよくない混ぜ物でも入っているのでは？」と心配する人もいるでしょう。そんなときは、原材料表示を見ましょう。「ナンバンアイ葉」と書かれていたらそれがインディゴです。よく見ると、商品名はヘナではなく、「ハーブパウダー」などと書かれていたりもします。

インディゴ以外にも、黄みを足すウコン、赤みを足すアカネ茎など、色のニュアンスを変えるものや、アムラ、シカカイ、アワルといった、ヘアケア効果が期待できるアーユルヴェーダのハーブがブレンドされたものもあります。**つまりざっくり「ヘナ」とジャンル分けされていますが、正確にいえば「ヘナ＋ハーブ染め」なのです。**

白髪を黒やダークブラウンに染めるには、ヘナよりむしろインディゴの配合比率を高くします。最初にヘナで染め、その後インディゴで二度染めする（ツータッチ）と色がしっかり入るのですが、ヘナとインディゴを最初から混ぜて染めることもできます。オレンジだけでなく、黒っぽくもできるというだけで、ヘナ染めへのハードルはぐんと低くなりました。

ナンバンアイ（ナンバンコマツナギ）はマメ科の植物。藍色に染めるインディゴ染料が得られることから、世界中で栽培されている。亜熱帯・熱帯地方が原産。インド藍とも呼ばれる。

ヘナのメリット、デメリット

頭皮に刺激を感じる人のための選択肢に

天然100%ヘナの最大のメリットは、刺激なく白髪を染められることです。もちろん、一部にはピュアなヘナでもかぶれる人はいます。ほかのアレルギーをもっている人は注意が必要です。でも、しみる、かゆくなるといったことは比較的起こりにくいので、頭皮が敏感になった大人の女性にはうってつけです。実際、ヘナ染め専門美容院の方に話を聞くと、多くのお客さんがヘナにしようと思ったきっかけとして「刺激がないこと」を挙げるそうです。

一方で、ヘナと一緒に使われることが多い**インディゴは、ヘナより皮膚トラブルが起きる率がやや高まります。植物だからと安心せず、最初はパッチテストを行うこと**

をおすすめします。

アレルギー反応がなく、指先の染まりを気にしないのなら**素手で触ってもOK**です。粉を湯溶きするだけで染められるので、慣れてしまえば比較的簡単。根元や生え際に白髪が目立ってきたら、ちょこちょこっとその部分だけ簡単に染めることもできます。

民間薬として親しまれてきた様々な効果も

ふたつ目のメリットは、**頭皮と髪へのトリートメント効果です**。もともと、**アーユルヴェーダにおいては殺菌、抗炎症、止血作用などのある薬草として使われているヘナ**。頭皮を引き締める作用や、洗浄・消臭作用もあるといわれています。

更年期の女性は、女性ホルモンの減少によって相対的に男性ホルモンが優位になるせいか、頭皮が乾燥しているのに脂っぽく感じたり、ニオイを感じたりする人も多数。そんな**頭皮の酸化した皮脂や汚れを取り除くディープクレンジングのような効果が見込めるので、白髪を染めながら頭皮のパックまでできるといわれています**。

古くから火傷の民間薬として使われていただけあって、体を冷やす効果もあり、頭がひんやり。それも手伝って、流した後は頭皮がすっきりします。

さらにキューティクルの隙間に蓄積され、**傷んだキューティクルをコーティングする効果があるので、続けるほどに髪にツヤとハリ、太さが出てきます**。白髪がなくてもトリートメントとして使うこともできます。年齢を重ねて髪の細りを感じる人や、くせ毛の人は、太くまっすぐな髪になると実感するケースが多いようです。

髪のきしみや色落ちがヘナのデメリット

いいことづくしのように思えるヘナですが、デメリットは使い勝手の悪さです。

前述の通り、ピュアなヘナはオレンジ色にしか染まりません。しかも染まるのは白髪だけで、明るくなりません。明るくならないというのは、もともと黒髪が多い人は明るい茶色にはならないということで※、色の選択肢はありません。インディゴを使う場合は、染めた直後は緑色がかった仕上がりになり、3日ほど経つと、ダークな黒っぽい髪色に落ち着きます。

ヘナ染めをした後の髪の扱いも勝手が違います。髪がきしむのです。ヘナ染めの経験が少ないうちや、ダークブラウンや黒髪に近いインディゴを多く含んだパウダーは特に強くきしみを感じます。ヘナを続けていくかどうかの最大の難関はここにあるかもしれません。石鹸シャンプーやオーガニック系シャンプーを使った後のような感覚ですが、それ以上に強く**「ヘナショック」という言葉があるくらいの髪のきしみっぷりです。**ただこれはヘナ染めを続けているうちに、気にならなくなってきます。

また、色落ちもします。染めた後に、市販の泡立つシャンプーでしっかり洗うと、落ちてしまうので「ヘナは染まらない」と思いがちです。**染めた後、2〜3日は色が落ちてくるのも普通のことです。**方法としては、染めてからしばらくはヘナ粉のシャンプーを使ったり、泡立たないシャンプーを使ったりすることで抑制できます※2。

※　黒髪でも柔らかい髪質の人や、もともと明るい髪の人がヘナをすると、明るくなることもあります（「コロリエ」山本ちかさん談）。
※2　ヘナとインディゴを混ぜている場合は、インディゴのほうが頭皮に残りやすいので、はじめのうちはアレルギー予防のためにも、ある程度泡立つシャンプーで洗うのがおすすめです（同・山本ちかさん談）。

「ケミカルヘナ」の存在も。配合成分をしっかり確認

一般の人には品質がわかりづらいこともデメリットでしょう。自宅で市販のヘナパウダーを使って染める場合、どの製品を選ぶかによってヘナに対する第一印象も変わってしまいます。まずは**配合成分を見て、「ヘンナ葉（ヘナ）」だけのものか、ヘナと「ナンバンアイ葉（インディゴ）」、あるいは「その他のハーブ類」だけでできている、植物100％のものを選びましょう。**今でも、PPDなどの酸化染料や、化学染料が配合された「ケミカルヘナ」もあります。酸化染毛剤でかぶれやすいからヘナにする、という人は、配合成分を確認して購入しましょう。

新鮮かどうかも重要です。ヘナをはじめとしたハーブ類は農産物。秋に収穫された葉が良質とされていますが、**その年の天候によるでき具合や、新物かどうかも染まりに影響**します。ヘナは主な生産地であるインドの人々にとっても、生活に欠かせない大切なものです。地域の自治体が管理する体制でヘナを生産していて、高品質のもの

は多くが国内での消費に回され、相対的に輸出量自体が少ないともいわれています。**新鮮で質のいいヘナパウダーは抹茶のような独特の香り**がします。色はうぐいす色。インディゴはそれよりも鮮やかな緑色をしています。**新鮮なほうが色も香りもよく、染まりもいい**です。ただ、**香りについては好き嫌いが分かれます**。自分は気に入っていても、家族が苦手だったりすると、「家で染めないで」という声も聞かれます。

初めてのヘナ染めにもおすすめの製品

エコサート、USDA（米国農務省によるオーガニック認証）、ハラルと３つの認証を取得している品質の高いヘナ。ブラウンやダークブラウンにはアーユルヴェーダのハーブを多く配合。ジャパンヘナ JH オーガニックトリートメント えびすハーブ 100g（全５色）各￥2,200

➡ヘナ5：インディゴ5の比率でブレンドされたオレンジすぎず、黒すぎない色み。使い切りサイズの小袋なので、部分染めにも使いやすく、初めてのヘナにも。コロリエ リコヘナ マロングラッセ 30g×4 ￥2,700

⬆厳格なオーガニック基準であるエコサート・コスモス認証の有機栽培ヘナ。アースブラウンは、日本人の髪にも染まりやすいように配合した人気色。白髪のみが自然な茶色に染まり、艶やかに仕上がる。グリーンノート オーガニータ（全6色）100g ￥1,800〜2,300

⬇土壌から収穫まで、沖縄発祥のEM農法という有機農法を用いて育てられた、国産のヘナとインディゴ（ナンバンアイ）。輸入のヘナに比べ、粒子が細かく香りがマイルド。ヘナサロンMA 沖縄産 EMヘナ、EMアイ 100g 各￥3,000

ヘナは出家……もう戻れない!?

後戻りできないヘナ。足を踏み入れるその前に

ヘナにしてみたい、と思ったら、まずやるべきことはヘナに理解の深い美容師か、ヘナをメインメニューとしている美容院を探すことです。

慣れれば自宅で染めることもできます。ヘナに詳しい美容師なら、**自宅で染めることをむしろ歓迎します（それがヘナのエキスパートかどうか見極めるコツといってもいいほど）**。でも、初心者はまず指南役になってくれる美容院でファーストヘナに挑戦しましょう。ヘナについて最低限の知識を得ながら全体を染めてもらいます。

実際やってみて「あ、やっぱり私はヘナじゃないかも」と思ったら、1、2度染めた程度ならアルカリカラーに戻れなくはありません。でも、回数を重ねていくうちに、

ヘナの色素はキューティクルの内側にまで蓄積されていき、脱色をしてもなかなか抜けなくなっていきます。

だから、**ヘナ染めにするのは出家するようなものです。ある程度続けたら「自分はヘナ染めで生きていく」くらいの決意が必要です。**ヘナで染めた部分をカットしないかぎり、俗世（アルカリカラー）に戻るのは難しくなります。

なぜなら、髪にはこれまでの染めた「履歴」（P94）が残るからです。仮に、「ヘナで染めていたけど、やっぱりアルカリカラーに戻りたい」というお客さんが来たとします。この状態からアルカリカラーをきれいに発色させるには、前の「履歴」をブリーチで消去して脱色したいところ。まっさらにしたほうが色がきれいに入るからです。

しかし**ヘナは脱色してもなぜか逆にオレンジ色やインディゴが、鮮やかに発色してしまうことがあります。**植物の染毛力は、重ねていくと意外なほど強力なのです。

美容師にもハードルが高いヘナ

ヘナを扱う美容院やヘナに詳しい美容師はあまり多くないのが現状です。**ヘナのことは、美容師免許の教科書にもほとんど載っていません。**取り扱いのない美容院なら、ヘナのことに詳しくないのも道理でしょう。

天然100%のヘナは、アルカリカラーとあまりにも違います。どんな色になるのか保証できない、というのが最大の問題。インディゴを混ぜたら染めた直後の髪は緑色！　アルカリカラーなら、染めた直後が最もきれいな状態なのですから、正反対です。また放置時間もかかります。アルカリカラーなら30分程度おけばいいところが、ヘナは染め具合や温め方にもよりますが、時間は40〜60分程度かかります。ヘナ専門美容院では、ヘナの塗布だけで、「洗い流すのはご自宅でどうぞ」というメニューがあるくらいです。

美容院がヘナを導入するには超えなければならないハードルがいちいち高く、敬遠したくなるのもわからないでもありません。

根元白髪も全部染めも！　自宅ヘナのやり方

最初は美容院で、次から自宅ヘナに挑戦！

一度美容院でヘナ染めを体験すれば、ヘナの感覚、におい、染めたときの色や手触りなどがわかると思います。しばらく経って根元の白髪が気になったら、今度は自分でヘナ染めをしてみましょう。

自宅ヘナの場合「白髪がちゃんと染まらなかった」という失敗はあっても「想像もつかない色になってしまった」ということは起きません。白髪の部分がオレンジに染まるか、インディゴを混ぜていれば、ダークな黒に染まるかのどちらかしかないからです。ただ、インディゴ入りの場合は前述の通り、染めたては白髪の部分が薄く緑がかった色になることもあり、4〜5日で色が落ち着きます。

パッチテストで安全性が確認できていれば、頭皮に付着しても大丈夫！　むしろ頭皮をパックするようにヘナを浸せば、頭皮のクレンジングになります。

まずは、基本的な染め方を覚えましょう。**最大のコツはたっぷりのせること、そして乾かないようにすることです。**

塗ってから1時間放置。ついでにヘナ風呂も楽しんで

ヘナ染めは乾いた髪から始めますが、少し湿り気があるとヘナペーストがのびやすいので、**水スプレーで塗る予定の場所を簡単に湿らせてからス**

用意するもの

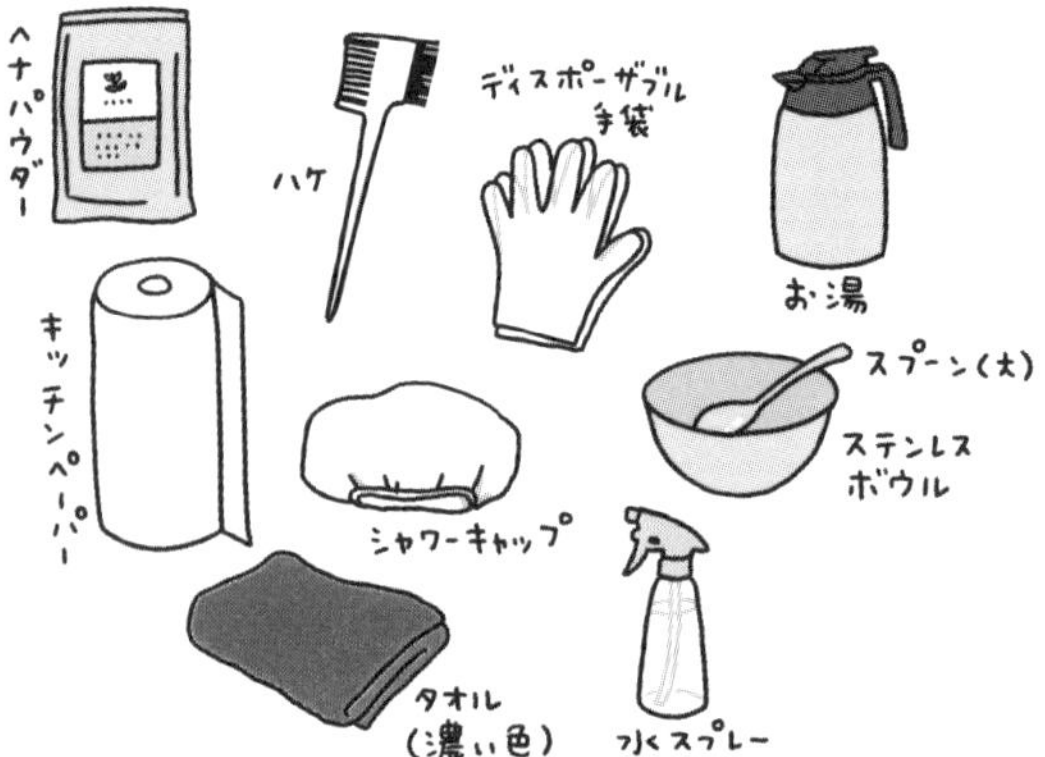

・ヘナパウダー
　20～30g（根元リタッチ）／30～50g（ショート）／
　50～70g（ボブ～ミディアム）／70～100g（ロング）
・お湯（40～60℃。パウダー量の3～4倍）
・ステンレスボウル　・スプーン（大）
・ディスポーザブル手袋　・汚れてもいいタオル（濃い色）
・キッチンペーパー1枚　・水スプレー
・あればヘアカラー用のハケ
※ボウルやスプーンはキッチンで使っているもので代用可。

タートしましょう。毛先まで染めるなら全体を湿らせておきます。

❶ステンレスボウルにパウダーを入れ、お湯を足しながらスプーンで溶きます。お湯は一気に入れず、**半量入れてから溶いて、また少しずつ足し、ダマをつぶしながらマヨネーズかケチャップくらいの硬さのペースト状にします**。

❷手袋をはめてハケや手にペーストを取ったら、**最初は最も染まりにくい生え際から**ペタペタとたっぷりのせていきます。

❸次は分け目。最初にふだんの分け目のラインからペーストをのせます。**量は「盛る」というくらいたっぷりと**。次は分け目と平行に1~2センチ間隔を空けながらハケのとがった部分や指で髪を分け、分けた線の上にまたペーストをたっぷりのせます。それを繰り返して片サイドを塗り終わったら、反対側のサイドも同じように塗っていきます。手でペーストをすくって塗ってもいいで

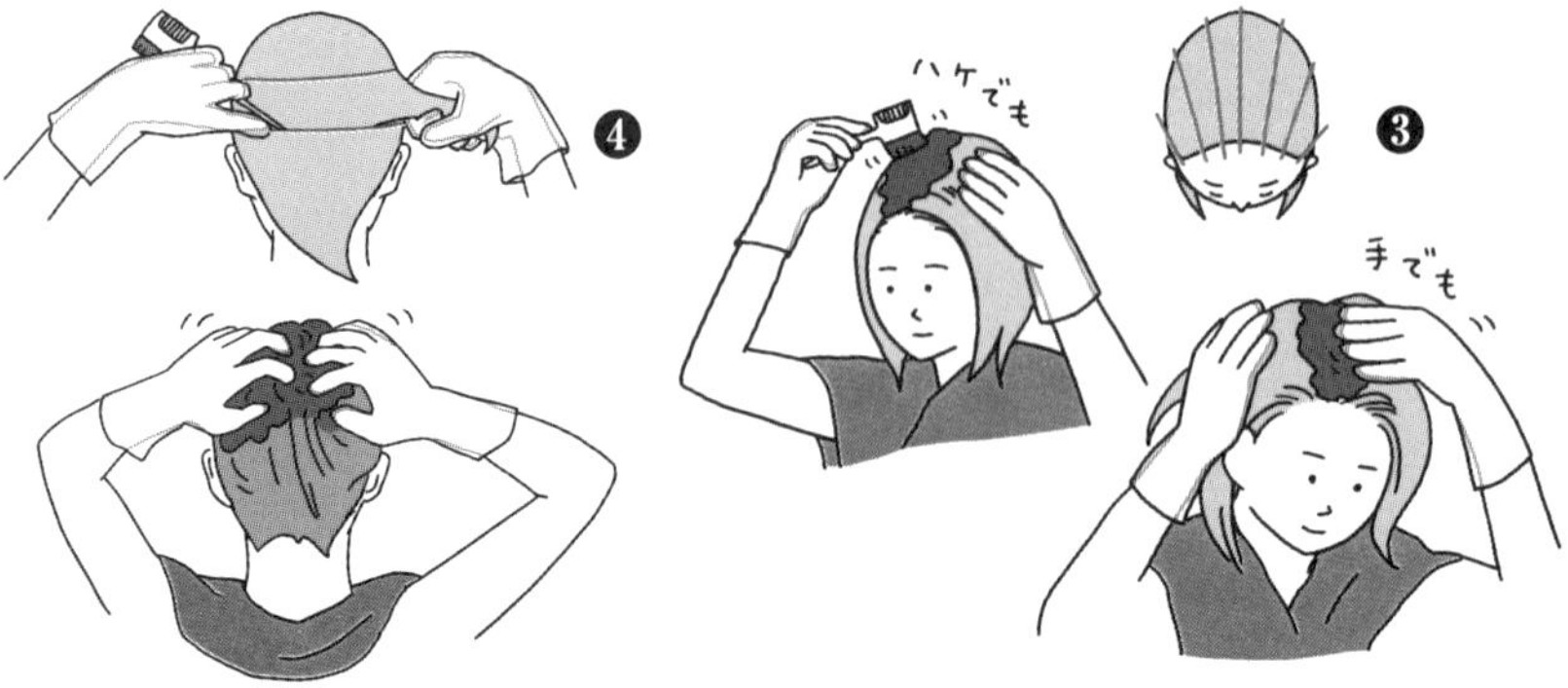

すが、**カラー用のハケで髪をきれいに分けながら塗ると、根元までよりしっかり染まります。**

❹**頭頂から後頭部は、髪を横に2〜3回に分けて塗ります。**塗り終わったら、**全体にもみこみます。**

❺全体に行き渡らせたら、染まりにくい生え際にしっかり色を入れるため、**キッチンペーパーを3センチくらいの幅に3枚切って生え際に沿ってのせます。**中央、左右と3枚貼ったら、その上から**軽く水スプレーをして、乾かないように**しましょう。

❻キッチンペーパー部分も完全にかぶるように**全体をタオルで巻き、40分〜1時間ほど放置**します。アルミ製の温まるタイプのヘアキャップをしてもいいでしょう。残り15分くらいになったところで湯船に浸かると、ヘナ

❺

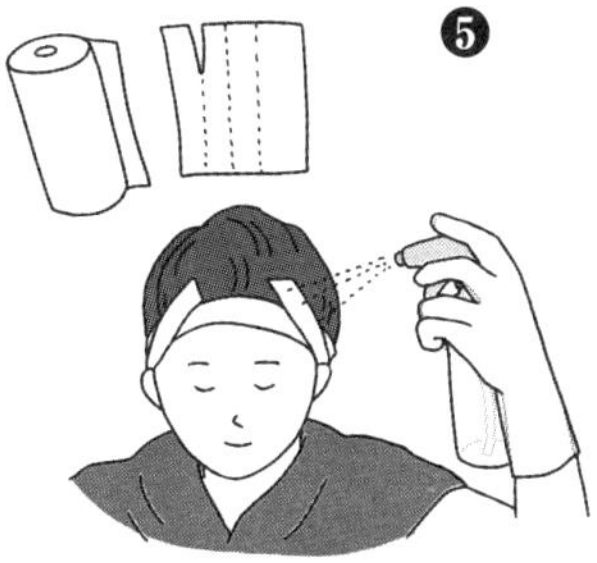

❻

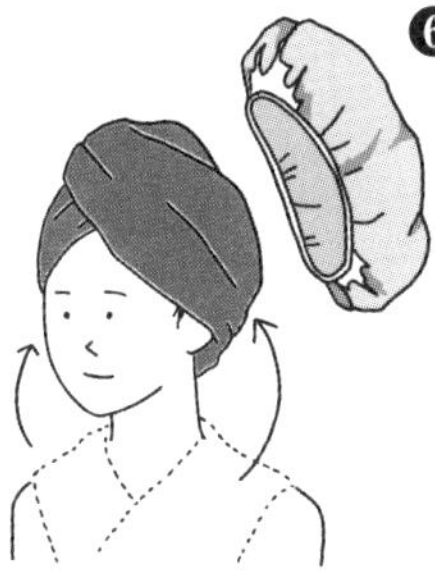

ペーストと頭皮が温まるので染まりがよくなります。

❼頭皮や髪にヘナが残らないようにしっかり流します。

インディゴが混ざっていないヘナなら、湯船に背中から頭をじゃぼんとつけて、ヘナ風呂を楽しんでもOK。

シャワーでしっかり流し、シャンプーは注意して

染めて2〜3日は、色落ちしやすいものです。直後のシャンプーは、インディゴ入りの場合は洗浄力の高すぎないアミノ酸系洗浄成分のシャンプーでさっと洗うか、泡立たないシャンプーがおすすめです。**ヘナだけで染めた場合は、シャンプー剤を使わずにしっかりすすぐだけでもいいでしょう。**

❼

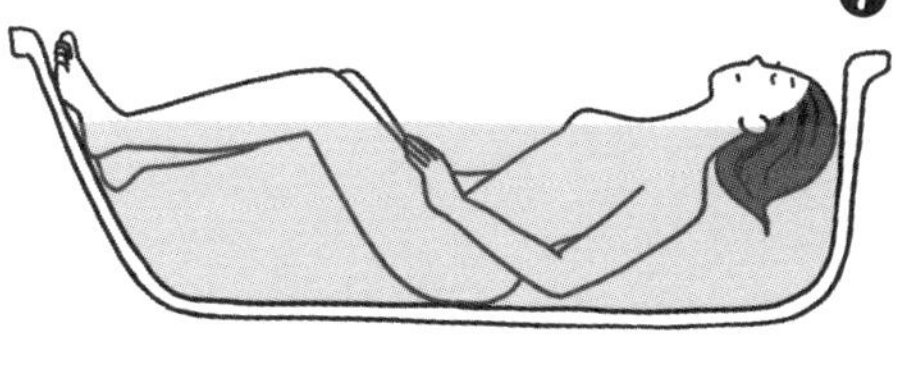

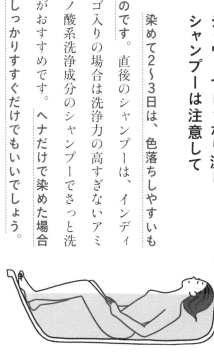

ヘナ後におすすめのヘアケア

ヘナ後のきしみが緩和する頭皮と髪のミネラルパック。日焼けやカラーの後の頭皮ケアに。ベタつく時期のかゆみや炎症も抑える。 三上 ナチュラルコスモ ヘアデザートスパ 23g ¥2,000

泡立たない1本5役のクリームシャンプー。頭皮と毛穴汚れをすっきり落としつつ、毛先に自然な潤い感。トリートメント不要。コーセープロビジョン 米肌 活潤ヘッドクレンズ 250g ¥2,500

ハリコシケアのアガベと洗浄力のあるモリンガでうねりや広がりを抑え、色もちをよくするビネガー（お酢）成分配合のリンス。さらさらの仕上がり。イオンレーヴコスメ イヴ・ロシェ リンシングビネガー うるツヤモリンガ 150mℓ ¥1,000

インバスでもアウトバスのトリートメントとしてもマルチに使えるヘアケア。ヘナ後のきしみ抑制やアルカリカラー後の頭皮パックにも。えそらフォレストHANA オーガニック 3WAY トリートメントパック 180mℓ ¥2,600

頭皮に残らないよう、根元のいろいろな方向からシャワーをあて、いつもの3倍くらい時間をかけてすすぎます。髪のゴワつきが気になる場合は、**色もちをよくするお酢が入ったリンスや、乾かすときに洗い流さないトリートメントをつけてみましょう。**

慣れてきたら、美容院→自宅→自宅→美容院など、自分に合った間隔で白髪染めのスケジュールが立てられます。

ヘナはトリートメントでもあるので、白髪が気になったときだけでなく、毎日しても大丈夫です。ただ、体を冷やす植物なので、冬は放置時間に寒気を感じるかもしれません。温かくして行いましょう。肌が敏感な人は、毎回パッチテストもしておくとより安心です。

第4章まとめ

▼ヘナは古くから使われてきた染料。ヘナ100%は白髪をオレンジに染める。

▼ファーストヘナは美容院で。慣れたら自宅でも!

INTERVIEW 3

ヘナサロンに聞いてみた！

「若い世代からヘナが選ばれています」

美容師 山本ちかさん（右）

1981年生まれ。2014年ヘナ専門サロン『コロリエ』を東京・代官山にオープン。現在は表参道・横浜と３店舗を経営。2017年にヘナのブランド『リコヘナ』を立ち上げ、インドの目利きとともに新鮮で高品質なヘナを供給する。SNSを通じ、ヘナを取り入れた暮らしの提案を定期的に発信している。

ポジティブにヘナを選択する時代

伊熊　ヘナサロンを開いたのは、ご自身に白髪かアレルギーがあったからなのですか？

山本　白髪は高校生からありましたが、明るいヘアカラーをすれば目立たないので、さほど気になりませんでした。肌トラブルも特になかったです。

伊熊　ではどうしてヘナサロンを？

山本　フリーランスの美容師だった20代のとき、ヘナ専門店と普通の美容院をかけもちしていたんです。**そのときヘナ専門店のお客さまの髪が、会うたびに右肩上がりにキレイになっていったのを見て、**やればやっただけ髪にプラスになるなんていいなぁ、と思ったからです。

伊熊　お客さまはどんな年齢層の方ですか？

山本　20代から上は90代までと幅広いです。若い人が明るいヘアカラーをトーンダウンしたい、といって来店されることもあります。

ヘナとアルカリカラーのハイブリッド染め

山本　オープン当初は年配の方や病後の方、あとは自然派志向の方が多かったのですが、だいぶ変わりました。今はどの人もあまり気負いなくヘナを選んでいる感じです。**ヘナをしながらアルカリカラーのハイライトも人気です**（P86資料⑨）。

伊熊　ヘナとアルカリカラーのハイブリッドということですね。それはいいとこどりかも。

山本　ジアミンアレルギーがない人なら可能です。ヘナは単品で染めるとオレンジ色なので、多くの方がインディゴと合わせます。続けていくと深く色が入って、沈んだ黒髪になりやすいんです。そこで、髪の表面にアルカリカラーで染めた明るい色の毛筋（ハイライト）を混ぜて立体感を出します(写真)。

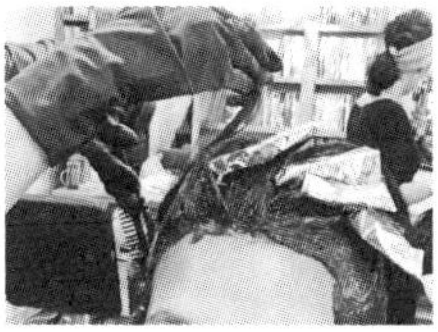

伊熊　白髪が多ければ明るくなるけれど、黒髪が多いと地味な印象になってしまうヘナの弱点をカバーできますね。ヘナ染めをしている人は、自宅でも染めますが、サロンでハイライトを入れている場合、根元を自分で染めてもいいのですか？

山本　ハイライトを入れた場合、自宅でインディゴ入りのヘナでしっかり染めてしまうと色が抜けなくなるので、置く時間を短くしてもらっています。その後は、4か月に1度、サロンでハイライトを根元に足していくとキープできます。**ヘナには髪や頭皮にもトリートメントの効果がありますから、ぜひ自宅でも使ってほしいんです。**

伊熊　アルカリカラーだと自宅で染めないで、といわれるけれど、ヘナだと逆なのがおもしろいです。みんな次回サロンに行くまでに、自分で根元染めを1〜2回するのが普通ですよね？

山本　サロンでホームケア用のオリジナルヘナの販売もしています。ここ最近、家でヘナをしたいという需要もかなり増えました。

伊熊　普通のアルカリカラーならブリーチですぐに色が抜けるのに、インディゴ入りのヘナは深く染めてしまうと色が抜けない。そのあたりが一度ヘナ界に入門してしまうと、戻れない「出家」なんですよね（笑）。ヘナを知らない美容師さんは驚いてしまう。

ヘナとハーブで色のバリエも広がる

伊熊　もうひとつのヘナの弱点は色だと思いますが、黒とオレンジ以外、どんな色が可能ですか？

山本　人気のアッシュ系はできませんが、それ以外の色はヘナとインディゴ以外のハーブを混ぜることである程度は作れます。といっても、アルカリカラーのようにキレイに発色するわけではないし、**ヘナはその人の髪質と白髪の量によって、出る色も違います。色を重視する方はヘナ染めは注意したほうがいいと思います。**

伊熊　それに、どのお店もたくさんのハーブが置いてあるわけではないのでは？

山本　そうですね、置いてあるのはヘナだけで、しかもそれがジアミンヘナ（PPD入り）だったりすることも。

伊熊　どうしてジアミン入りのヘナがあるのですか？

山本　年配の方などで速くしっかり染めたい、というニーズがあるようで、今でも業務用が美容院に置かれています。天然100％のヘナはヘアカラー分類（P53）でいうと化粧品扱いなのですが、ジアミンヘナは化粧品扱いのヘナでもなく、医薬部外品のアルカリカラーでもありません。ヘナ専門店の立場から見ると、事故が起きないか、疑問に思うところです。

伊熊　見えない部分ではそういう懸念もあるのですね。私たちも美容院で質問できるくらいにきちんと知識を備えて、安心して楽しみたいですね。

第5章

白髪を
近づけない、
ヘア習慣

サプリもある！ 髪にいい生活とは

白髪や薄毛を予防！ 髪に必要な4大栄養素

「白髪には黒ごまがいい」「ワカメが効く」といって、そればかり食べていても白髪はなくなりません。生命維持活動には直接関係のない毛包まで栄養を届けたいと思うなら、無理なダイエットも禁物。バランスのいい食事を摂った上で、髪に関わる栄養素として積極的に摂りたいのがこの4つです。

たんぱく質

髪の8割はケラチンタンパク質というたんぱく質からできています。**食事で摂取したたんぱく質は、体内でバラバラのアミノ酸になり、髪のために再合成されてケラチンタンパク質になります。**また、髪の成長に必要な成長ホルモンや睡眠ホルモンのメラトニン（P170）もアミノ酸が原料です。肉、魚、卵、乳製品といった動物性のたんぱく質から、大豆などの植物性たんぱく質まで幅広く摂りましょう。

亜鉛

アミノ酸からケラチンタンパク質を再合成するには、ミネラルが不可欠。亜鉛は髪を生み出すような細胞分裂の盛んなところには必須のミネラルです。特に多く含む食材を挙げるなら、牡蠣《かき》、レバー、牛肉、エビ・カニなどです。

鉄分

髪は「血余《けつよ》」といわれるとおり、血液と血流が重要です。**その血液を作るのに欠かせないミネラルが鉄分。**鉄分を多く含む食材は亜鉛も含むことが多いので、前述の食材を摂れば一挙両得です。

ビタミンC・B群類

ケラチンタンパク質の再合成に関わって、亜鉛の働きをサポート。**特にビタミンB7のビオチンは、白髪や脱毛に関わるといわれています。**ビタミンCは抗酸化成分。直接髪に働きかけるというより、細胞を健全に保つ役割をします。ビタミンCは緑黄色野菜や果物などに多く含まれます。ビタミンB群は、肉類、魚介類、豆類、卵、乳製品などに多く含まれているので、たんぱく質を含む食材から摂取できます。

要は、たんぱく質をケラチンタンパク質に再合成し、毛包まで届けるために必要な栄養を摂る、それが健康的な髪を作る食生活です。

髪のためのサプリメント

ヨーロッパのヘアケアサプリメントの大定番。ミレットという髪や肌に有用なミネラルを含んだスーパーフードの成分を凝縮。日本版は小粒で飲みやすい。バイエル薬品 カミエル（120粒入・30日分）￥4,445

吸収効率のいいヘム鉄、亜鉛・マグネシウムなど、髪に必要な12種類のミネラルを配合。エステプロ・ラボ マルチミネラルプレミアム（180カプセル入・60日分）￥7,000

毎日の食事で過不足なく摂るのは大変という人には、これらの栄養素がひと通り入っている髪のためのサプリもあります。食生活が不規則になりがちな人は、取り入れてみるのもひとつの手です。

運動・睡眠・ストレス対策も

2020年に化粧品メーカーのポーラは**運動習慣のある人は運動不足の人と比較すると、肌のバリア機能が高い**という調査結果を発表しました。化学的刺激に強く、ホルモンバランスも良好で、おまけに花粉などの大気の汚れにも強い美肌だというのです。ということは、ヘアカラーの刺激にも強い可能性があるとも考えられます。適度な運動を習慣化させて、体はもちろん、肌（頭皮）も元気にしたいところです。

また、丈夫な髪ができるまでには、女性ホルモンなどが関連していることは第1章で述べましたが、**髪を丈夫にして頭皮も健やかに保つ成長ホルモンや、夜になると眠りへ誘うホルモン、メラトニンの分泌**も重要です。

このメラトニンがしっかり分泌されてピークを迎えると、深い眠りが得られます。すると成長ホルモンが分泌され、肌や頭皮の新陳代謝も高まり、美しい髪が育つ土壌ができるのです。またメラトニンそのものにも、活性酸素を除去する作用があるといわれています。

残念ながら、**成長ホルモンもメラトニンも加齢によって分泌は減少します**。朝は明るくなったら起き、寝る直前にはスマホやＰＣなどを避けて自然に眠りについて、できるかぎり良質な睡眠をとるよう心がけましょう。

さらに、ストレスが白髪の原因になるのも第1章でお話しした通り。自律神経の緊張状態から、呼吸の浅さにつながり、血流が滞ったりしてしまうからです。毛髪治療と栄養バランスに詳しい医師も、**髪の黒色を作り出すのに大切な色素細胞メラノサイトはストレスに弱い**印象があるといいます。ストレスは活性酸素が発生する原因でもあるので、可能なかぎり軽減したいものです。

シャンプーで洗うのは、髪ではなく頭皮です

シャンプーは、商品よりテクニック

この仕事をしていると、ヘアケアの新製品に触れる機会が多いので、「シャンプーは何を使ったらいいですか？」と聞かれることが多々あります。でも今の世の中、極端に粗悪なシャンプーはそれほどありません。その人の好みや肌に合うとか、あるいは価格が納得できる、など自分の感覚で試してみてよいと思います。むしろ、**何を使うかよりも、どう洗うか、を考えるべきです。**

シャンプーで頭皮を洗う

シャンプーにかける時間は**髪の長さに関係なく「予洗い1分、シャンプー1分＋α、**

すすぎ1分」が目安です。予洗いとすすぎには、シャンプー時間と同じくらいの時間をかける必要があります。実際にやってみると、1分は意外と長いもの。でも、頭皮のコンディションはそこにかかっているといっても過言ではありません。

予洗いのポイント

まず、髪を濡らす前にはブラッシングで髪のもつれをといておきます。**予洗いは頭皮の隅々までお湯を通すことが目的です。**髪の汚れはひと通りお湯と泡を通せば落とせるので、髪をゴシゴシ洗う必要はまったくありません。お湯は熱すぎると頭皮や髪の乾燥につながるので注意しましょう。予洗いもすすぎも流し方は一緒です。

❶ある程度流したら、シャワーをフックから外す

女性はどちらかというと、額からシャワーのお湯を浴びることが多いと思います。ずっとシャワーを壁に固定したまま濡らしていると、**後頭部はまったく洗えていません。**後ろから洗ったとしても、フックに固定したままでは、今度は生え際に泡や汚れが残ります。洗い始めは固定したままでいいのですが、ある程度しっかり濡らしたら、フックから外しましょう。壁に固定されたシャワーの場合は、自分が体の位置や頭の向きを変えながら、髪の内側までしっかり予洗いします。

❷うつむいて流す、あるいは髪をめくりながら「タプタプ」する

シャワーを持ったら、後頭部を流します。体を前に倒し、草むらをかき分けるように**手で地肌を出し、シャワーヘッドで襟足側から前に向かって流す**ようにすると、後

後頭部にしっかり
シャワーをあてます

頭部の地肌にお湯がしっかり行き渡ります。こうしてうつむいたまま、洗うプロセスにもいけますが、髪が絡まったり、体勢がきつかったりと、うつむいて流すのが苦手な人もいるでしょう。その場合は、**上を向いたままで後頭部の髪をめくり上げ、シャワーヘッドを襟足から頭皮にあててタプタプ**。少し上に移動してまた髪をめくり上げてシャワーヘッドでタプタプ。美容院でやっているあの動作です。仕上げにいろいろな方向から**地肌に直接お湯があたるように、至近距離からお湯をかけます**。

シャンプーのポイント

頭皮は肌なので、洗い方は顔のスキンケアにそのヒントがあります。シャンプーはスキンケアでいえば洗顔です。顔を洗うときは、どこから洗うのが正解でしょうか？

答えはTゾーン。額の横線と額からあごを結んだ縦のラインです。ここは、年齢を問わず、顔のほかの部分よ

頭皮のTゾーン

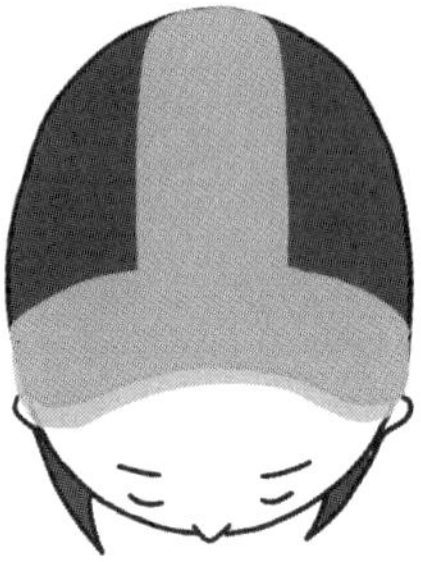

り皮脂が出やすいので、汚れや余計な皮脂が溜まりやすく、しっかり落としたいところです。失速していないフレッシュな泡をここにのせてから、周囲に広げていきます。

シャンプーでも、いちばんしっかり洗いたいのは、やっぱりTゾーン。**頭皮におけるTゾーンは、額のあたりの生え際と、頭頂から後頭部にかけての縦ラインです。**

❶シャンプー剤は後頭部からつける

手のひらにシャンプー剤を適量のせたら、水を少し足して両手を2～3度すり合わせ、ゆるっとした液体状態にして手のひらにのばします。**洗顔のように手のひらで泡立ててしまうと、髪にのせたときの洗浄力が失速するので、シャンプーは手のひらでモコモコに泡立てる必要はありません。**

おすすめは、頭頂の少

シャンプーを置く場所

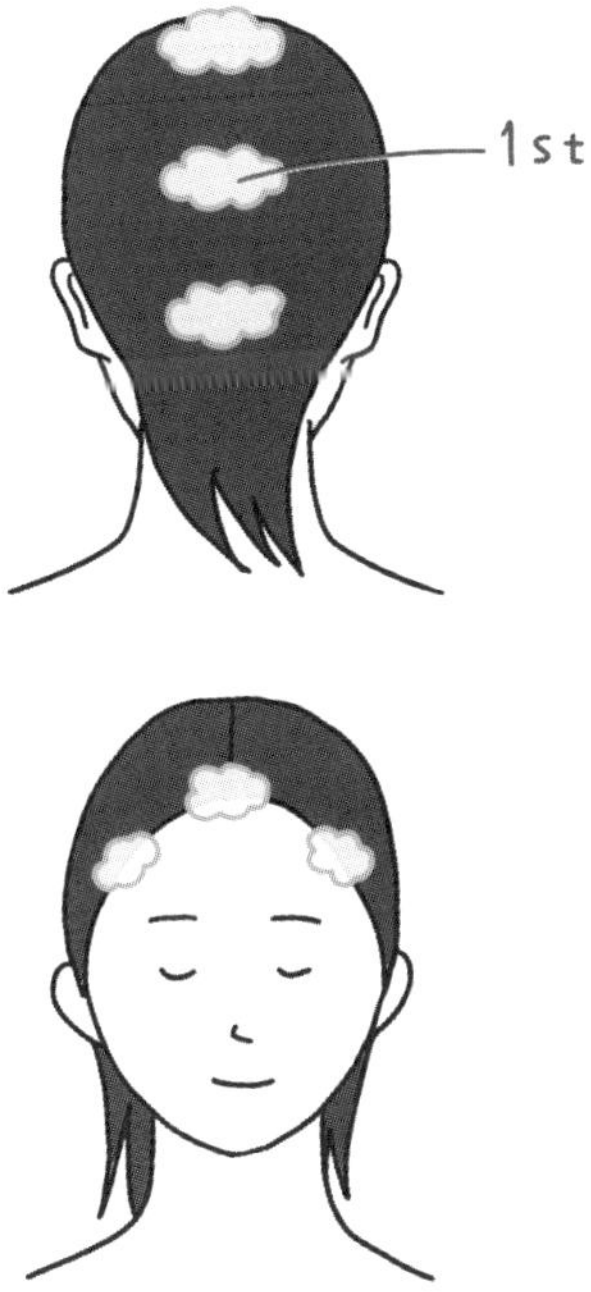

し後ろの後頭部からつけることです。見えないから忘れやすく、毛量も皮脂も多いので最もたくさんの泡が必要なところだからです。シャンプーを両手のひらにのばしたら、片方の手の指で後ろの髪をめくって、後頭部の地肌につけます。その後、頭頂、生え際の中央にタッチ。もう片方の手についている分は、サイドの生え際や襟足の上につけます。

❷泡で頭皮にまんべんなく触れて頭皮マッサージ

顔のマッサージにおける御法度といえば、摩擦。強くこすりすぎることです。**頭皮も強くこする必要はありません**。あくまでやさしいタッチで洗い、泡立てて

手全体で頭皮を引き上げるように

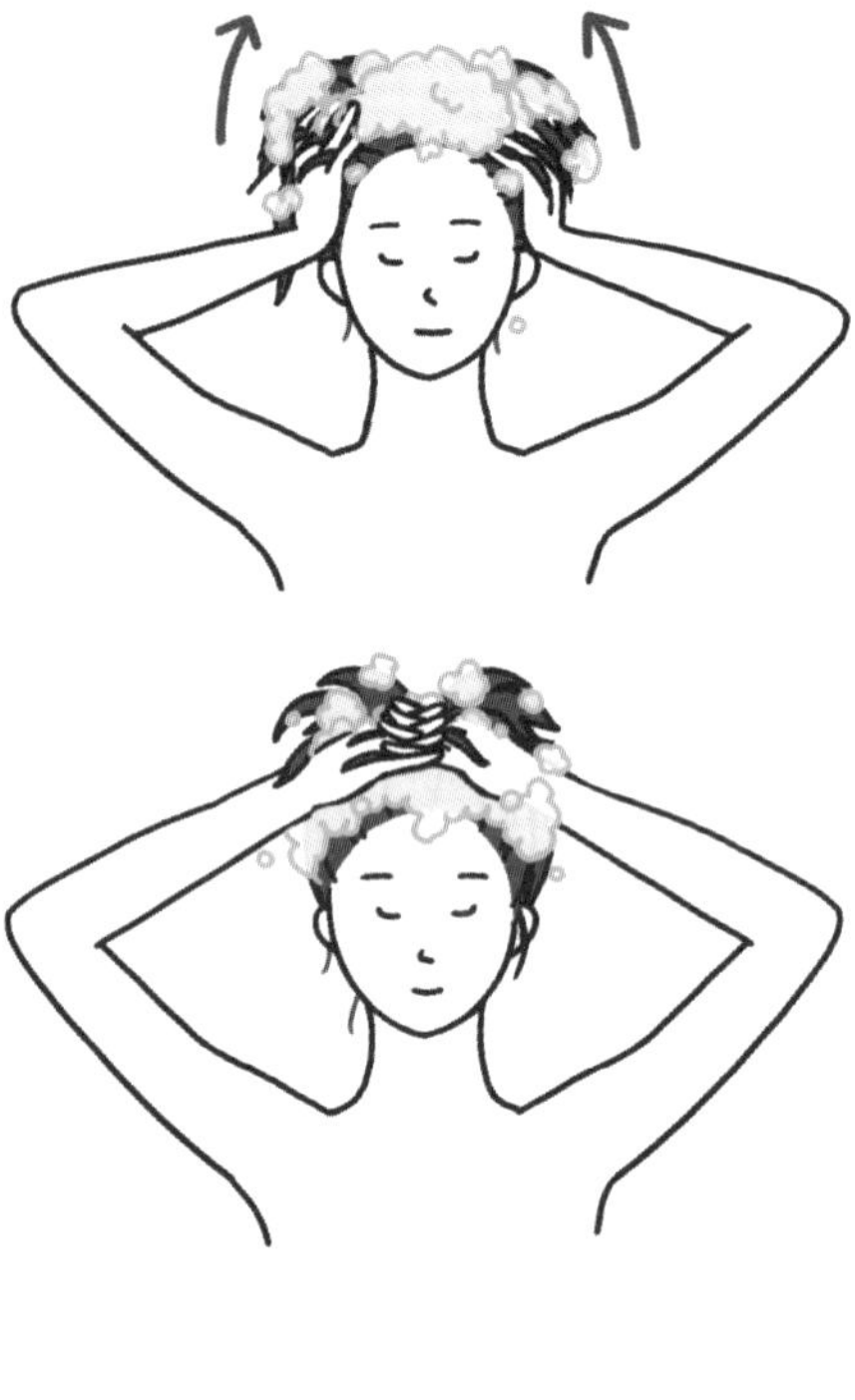

いきます。手のひらで包み込むようにすると、手の温もりが肌に伝わる上に、余計な力が入ることも防げるので、頭皮もそのイメージで洗うようにします。

シャンプー剤をつけ終わったら、手のひらをパーにして手全体を使って、**耳上から頭皮ごと動かしながらTゾーンの縦ラインで両方の指を出合わせて、挟み撃ちにします**。後頭部は頭頂に向かって引き上げるように動かして。指先で洗うより、頭皮に広く触れられる上に、**頭皮全体を頭蓋骨からはがすような動きができるので、頭部の頭筋リリースにもなります**。心地よく筋肉を動かせば、血流も上がるので、育毛効果も期待できます。

❸頭皮を寄せるようにもみ洗いする

挟み撃ち洗いで意外と手がカバーできない頭頂付近だけは特別。皮脂をしっかり落としたいので、指の腹で頭皮を左右から寄せるようにしてもみ洗いします。

頭頂付近は頭皮を寄せる

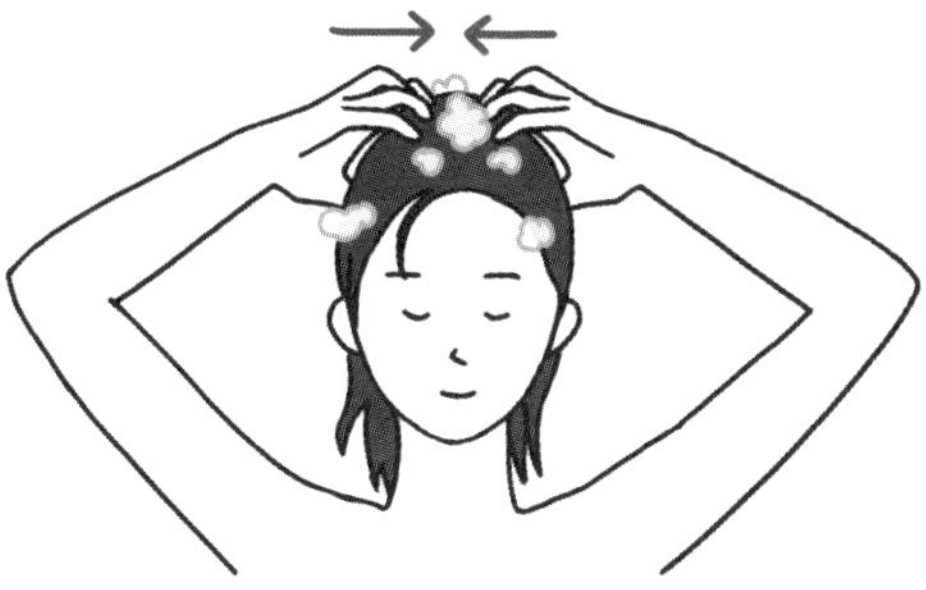

ゴシゴシ力を入れるのではなく、頭皮をそっと動かすように行います。

❹指を滑らせて毛先に泡を通す

頭皮を洗い終わったら、髪の内側に指を通し、根元から毛先へと指で泡を移動させて、髪の汚れを取ります。これを2〜3回繰り返します。

❺洗い終わったら＋αの30秒放置

すぐに洗い流さないで、泡がじわーっと頭皮の毛穴のすみずみまで行き渡って、**不要な皮脂を分解してくれるのを待ちます。これが＋αの時間。**こうすれば、汚れは落ちるので、洗うときに強くこする必要はありません。

泡を毛先へと動かし汚れを取る

すすぎのポイント

すすぎのときも、やり方は「予洗い」と一緒です。さっさとすませたくなりがちですが、**このすすぎがシャンプーの中で最も重視したいステップ**。ここでも、シャワーをフックから外し、前から後ろからと髪の根元の全方向から、しっかりお湯を通して泡と汚れを洗い流すようにしましょう。シャワーをあてる角度を変えながら、1分間のすすぎを死守します。**泡が残っていると頭皮の炎症やベタつき、フケ、においの原因**になります。

理想のシャンプー剤を探し求めるより、むしろこのすすぎをしっかりすることのほうが大切かもしれません。完璧なすすぎだけで、髪と頭皮のトラブルは確実に軽減します。

面倒なヘアドライには迷わず投資する

進化系タオル&ドライヤーで、素早く正しく乾かす

「**髪を洗ったらなるべく早く乾かす**」。これは、どの美容師も口を揃えていうヘアケアの鉄則です。実際、濡れた髪には多くのリスクがあります。

濡れて開いた大人の脆弱《ぜいじゃく》なキューティクルから、大事な髪の内部物質が流出して、髪内部の「空洞化」に拍車がかかります。また髪がタオルの中で蒸れて、菌が繁殖して頭皮に悪さをします。冬なら頭から冷えます。さらに中途半端に乾くためにトップがペタンコになり、いざ外出しようとしたときにスタイルが全然決まらず、故に時間がかかる……とすべてにおいていいことなしです。

そこで欠かせないのが、**髪専用の速乾タオルと風量&風速で乾かすドライヤー**です。

ここは**ヘアケアの最大の投資のしどころ**です。「乾かす場面」は髪を傷めるリスクが高い上に、「乾かすのが面倒くさい」という心理的な負担も大きいからです。タオルとドライヤーを変えるだけで3～5分は早く乾いて時短になりますし、髪を傷めるリスクも軽減します。

専用タオルはこすらずとも髪を包むだけで水分をちゃんと吸い取ってくれるものを、ドライヤーは熱でなく風で乾かす最新のものを手に入れましょう。髪にとって熱は諸刃《もろは》の剣。

速乾タオル

タオルは綿が好き、という人にはこちら。吸水性の高さと摩擦の少なさを実現するエジプトコットンを使用。ロングヘアなら一般のタオルを使うより、1分以上ドライを時短できたデータもある。MTG リファヘアドライタオル ￥1,800

ふわふわで吸水性抜群のマイクロファイバー素材を使ったタオル。頭頂でスナップ留めするときに前髪だけ出しておけば、前髪のスタイリングが楽に。ハホニコ ハッピーライフ 美容師さんが考えた髪のためのタオルdeターバン パープル ￥1,300

ツヤを出すのには欠かせないものですが、**熱を過度に髪にあてすぎるのは傷みやカラーの褪色を早める原因に。**髪のたんぱく質が破壊されて変性するのは、60℃以上といわれています。ドライヤーは家族で使えて出番の多いものですし、美顔器などのほかの美容家電に比べたらずっとコスパのいい家電です。ちょっと高額でも少し奮発して、いいものを選びましょう。

風量&風速で乾かすドライヤー

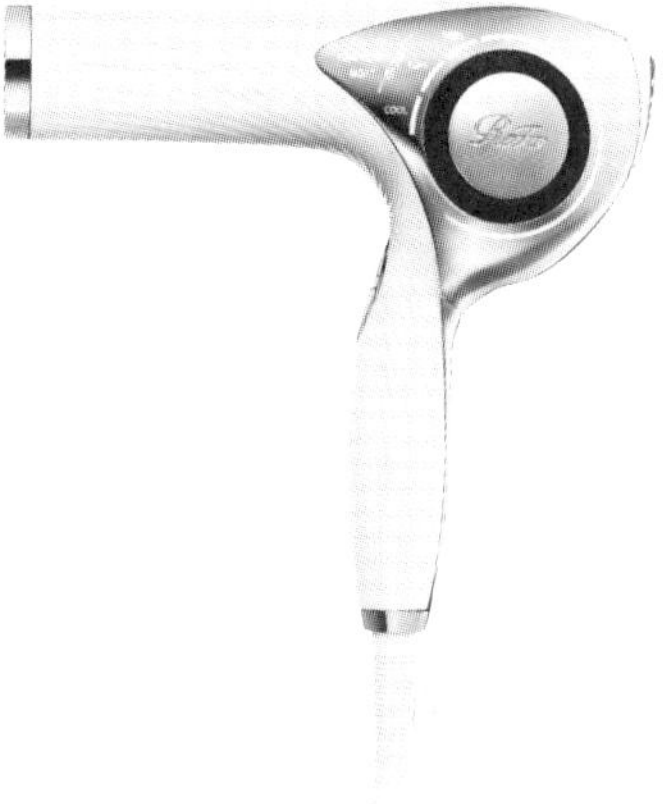

髪の温度が約60℃以上にならないように検知して、温風と冷風を自動で切り替えてくれるセンシング機能が便利。サロン帰りのようなツヤとなめらかさがやみつきに。MTG リファビューテック ドライヤー ￥33,000

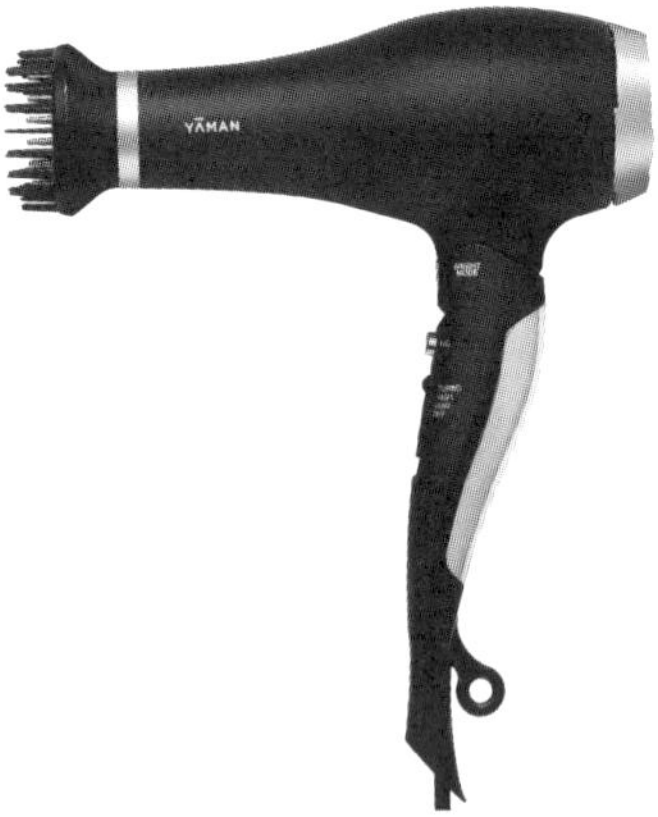

髪のたんぱく質の変性を防ぐ60℃の低温風で、大風速。冬は静電気除去効果も大活躍。イオンブライトコームをつけて髪をコーミングするとなめらかでツヤツヤに。持ち手が曲がり、コンパクトに収納可。ヤーマン ヴェーダブライトBS for Salon ￥28,000

見た目が劇的によくなる乾かし方

乾かしながら、頭皮ケア&ボリュームアップ

ヘアドライは髪を乾かすだけではなく、以下の3つを行う絶好のタイミングです。

A．育毛のための頭皮ケア

B．立ち上がりをよくするボリュームアップブロー

C．まとまりよくするスタイリング

髪を洗うのが夜の場合は、洗って乾かしてあとは寝るだけなのに、BやCは必要？と疑問に思うかもしれませんが、必要です！　夜にスタイリングの下準備までやっておくと、朝は少しの手間で外出できます。忙しい朝、グンと楽に、しかも髪の見た目が整うのですから、乾かすときに行うのが正解です。

乾かすときは、「今はこの部分を乾かしているんだ」と、乾かす部位をイメージするのがポイントです。つまり、**心の中で、頭部をブロック分けしながら1か所ずつ乾かしていく**のです。ただ漠然とやるよりも効率的に乾かせます。

❶頭皮のTゾーンの数か所に育毛剤や美容液を

毛穴も髪もスッキリピカピカになったこの瞬間こそ、頭皮に届けたい育毛剤や頭皮を保湿する美容液をつけて

頭皮用美容液

発毛・育毛に関わる様々な悩みに働きかける育毛剤のベストセラー。美容のプロに愛用者多数。髪悩みをトータルでケア。資生堂プロフェッショナル サブリミック アデノバイタル スカルプパワーショット（医薬部外品）120mℓ ￥7,200

４つの薬用成分と保湿成分を配合した日本処方の育毛剤。ジェットノズルで出てくるジェルが心地よい。ピエール ファーブル デルモ・コスメティック ジャポン ルネ フルトレール トリファジック スカルプ プラス（医薬部外品）100mℓ ￥6,600

Tゾーンにつける

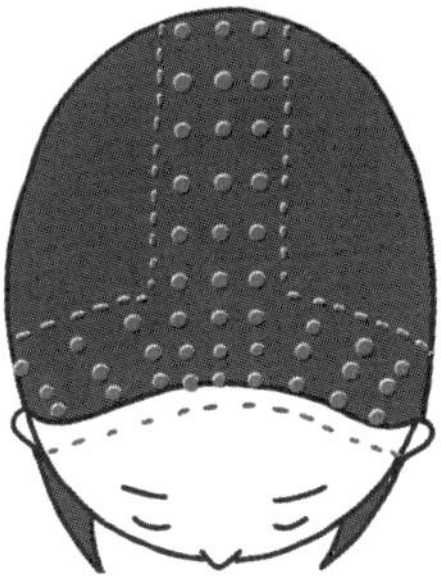

ください。つける場所は頭皮のTゾーンを中心に。**指先で頭皮をこすったりせず、手を髪の下から入れ、そっと頭皮を押さえて浸透させます。**

❷毛先には洗い流さないトリートメントか、ヘアオイル

髪を保護してパサつきを抑えます。髪全体を左右ふたつに分けたら、適量の半分を手に取って両手のひらに広げます。あまり上の方からつけると、髪がペタンとしてしまうので、まず毛先を両手で挟んで、**次はそのすぐ上を挟み、髪の長さの中間あたりまでつけます。**逆サイドも同じように半分手に取ってつけましょう。

毛先から上へとつける

ヘアオイル

右／髪をキューティクルの内外から補修。熱プロテクト、UVカット成分も配合。コーセー スティーブンノル モイスチュア ダメージケア オイル 100mℓ ¥1,800（参考価格）

左／シア脂、セサミオイルなど天然成分だけでできた、今どきの適度な潤いの質感をプラスしたオイル。オレンジとベルガモットの香りがさわやか。ナプラ エヌドット ポリッシュオイル（美容院専売品）150mℓ ¥3,400

洗い流さない トリートメント

右／自然なツヤと軽やかさのバランスがいい。髪の深層まで補修するクリーミーなアウトバストリートメント。P&G キメア ヘアモイスチャー エマルジョン 50mℓ ¥2,800

左／植物のファイバーで広がりやすいくせやうねりが少量でまっすぐに。湿気で広がる日にも。アヴェダ スムーズ インフュージョン ナチュラル ストレイトナー 150mℓ ¥3,500

❸後頭部→サイド→トップ・前髪の順で丁寧に乾かす

後頭部の髪をめくり上げて、内側の頭皮にドライヤーの風をあてます。体勢がきつくなければ、後頭部はおじぎをした状態で乾かすといいでしょう。こうすると頭頂のボリュームアップにもつながります。

次に、**サイドの髪を片側に寄せて軽く引っ張り上げ、根元にドライヤーを垂直にあ**

髪がボリュームアップする乾かし方

てます。片側が乾いたら、反対側も同様に。**トップと前髪は髪を上に持ち上げ、軽く引っ張りながら頭皮を乾かしましょう**。短い前髪がある場合は根元から風をあてて、前に軽く引っ張ります。

❹キューティクルの流れに沿って温風&冷風をあてる

ここまでで8割ほど乾いた状態になっているので、**手ぐしを通しながら上から温風をあてて表面をざっと乾かし、最後に冷風をかけて完了です**。

翌朝は、頭頂の頭皮を水スプレーで濡らし、❸~❹を繰り返すと立ち上がりとまとまりが復活します。また、頭頂部に皮脂を吸着して頭皮のベタつきを抑えるドライシャンプーや、ボリュームアップローションを使えば、寝ている間にペタンとつぶれたトップもふんわり。

上から下へと風をあてる

潤いやまとまり感が必要なら、もう一度オイルを毛先に足し、最後はブローをキープするスプレーを全体にかけておきましょう。

朝のスタイリングに

髪の表面にベールを張り、手触りのよい潤い感のあるツヤ髪に仕上げるフィニッシュスプレー。カネボウ化粧品 リクイール グローヘアスプレー 110g ￥1,800

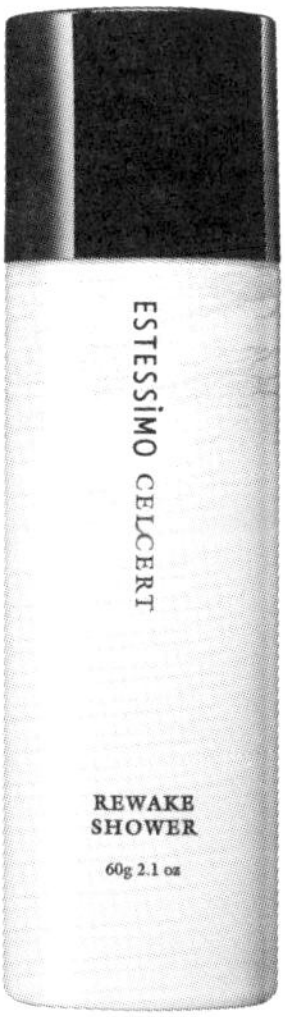

炭酸*シャワー美容液のドライシャンプー。頭皮をすっきり、根元をふんわりと整える。エステシモ／タカラベルモント セルサート リウェイクシャワー 60g ￥1,800
＊噴射材として配合

白髪に効くシャンプー、ありますか？

白髪への効果が期待されている、3つの注目成分

着色タイプのものは別として、根本的に白髪が黒髪になるシャンプーや育毛剤、頭皮用美容液というのはあまり見かけないと思いませんか？　「黒髪」「色むら」といった表現で「白髪に有効ということかな？」と暗に伝わるものはあっても、「白髪が黒髪になる」とは明記されていないはずです。

白髪へのアプローチとして作られているのに、堂々とそういわないのはなぜでしょうか。それは、白髪を黒髪にする成分の研究はまだ歴史が浅く、その有効性を証明する実績が足りないからです。**現状では、国として白髪への有効性にお墨つきを与えている成分はありません。**だから「白髪が黒くなる」と書くと誇張表現となってしまう

ため、控えているのです。

でも、実際には**多くのメーカーが白髪をターゲットにした成分や処方を開発しています。**会社独自の基準で有効性や安全性についてのエビデンス（データ）を蓄積し、その上で白髪に効果がある、とされているものがあります。代表的な成分は以下の3つです。

ホップ

資生堂とキリンビールとの共同研究から発見され、2004年に

白髪にいいシャンプー①

髪を育む頭皮の最深層にアプローチし、髪のクオリティを高める独自成分で髪色の変化にも働きかける。資生堂プロフェッショナル アデノバイタル シャンプー 250mℓ ¥3,000

ホップエキスのほか、ハリコシ、ツヤ、カラーで傷んだ髪の補修など、大人の女性に必要な成分を、天然成分を中心に贅沢に配合。一段上質な髪に進化。ITRIM《イトリン》 エレメンタリー シャンプー N 250mℓ ¥10,000

発表された成分。ホップは生け垣などに繁殖するつる性の植物で、雌花の穂はビールの成分として有名です。狙いは**色素細胞メラノサイトをコントロールする遺伝子**。ホップに含まれるビールの苦味成分などの中には、この遺伝子を発現させ、**メラノサイトを活性化する効果**が見出されています。

ヘマチン

血液中のヘモグロビンをヘマチンとグロビンというふたつの物質に分けたもの。**ヘマチンは髪の成分であるケラチンタンパク質と結**

白髪にいいシャンプー②

ケラチンやアミノ酸など、大人の髪のハイダメージを補強する成分を配合。ヘマチンの頭皮ケア効果から、美容院ではパーマやカラー後に使われる。アマトラ クゥオ ヘアバス es〈シャンプー〉400mℓ ￥4,200

ヘマチンのほか、ハーブエキスや加水分解ヒアルロン酸を配合し、しっとりしなやかな髪に。ヘアカラーの色を持続させる効果も。ナプラ ケアテクト HB カラーシャンプーS（美容院専売品）300mℓ ￥2,000

びつくので、ダメージ補修の効果が知られています。さらに、メラニン色素を作る上で欠かせない**酵素チロシナーゼの働きを活性化**するため、黒髪へと働きかける効果もあるといわれています。

美容院業界では残留した過酸化水素の除去や、カラーの褪色防止などの処理剤として、比較的長く使われてきました。

グレーバース™

アミノ酸がいくつか連なったものをペプチ

白髪にいいシャンプー③

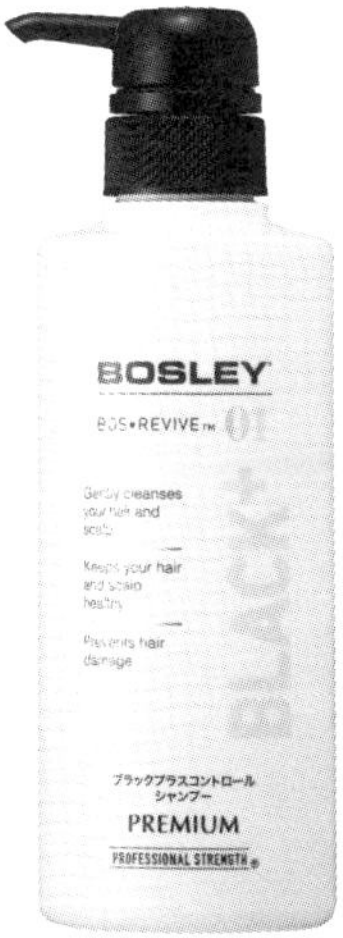

グレーバース™とヘマチンを配合。長年の大人の頭皮ケア研究に特化し、ノンシリコンなど6つのフリー処方を実現。アデランス　ボズレー ブラックプラスコントロールシャンプー PREMIUM 360mℓ ¥3,600

リンゴ幹細胞エキスなど植物由来洗浄成分を使用し、髪と頭皮の潤い成分をたっぷり配合した弱酸性シャンプー。エッセンスも人気。ネイチャーラボ ボズレー ブラックプラス シャンプー 360mℓ ¥2,100

ドといい、近年、食品や美容などの分野で研究が盛んに行われています。グレーバース™は日本のネイチャーラボ社の研究機関と、アメリカのボズレー社の共同研究から生まれたオリジナルの複合成分。**数種類のペプチドによる相乗効果で、白髪発生要因となるメラニンの減少、酸化ストレスの増加に働きかける**というものです。メラノサイトが弱っていても、完全に枯渇していなければ、黒髪に戻せる結果を発表して話題になりました。

1day《ワンデイ》ちょい染めで、お出かけ前も怖くない！

白髪用コンシーラーが頭皮につくのは、選び方のせい

朝の忙しいときにかぎって見つけてしまう根元のキラキラ白髪。そんなときは、1日だけ染められる白髪用コンシーラーが活躍します。でも、頭皮に色がついてしまったり、いかにも塗っているように見えたり、雨や汗で落ちやすかったりなど、あまり使い勝手がよくないと敬遠していませんか？

それは選んだコンシーラーの「形状」が合っていないことが一因。**白髪の量や生え方、そして場所によってアイテムを使い分ければ、次の染め日までの「つなぎ」として十分役立ちます。**最近は進化して、汗をかいて触れても手につかないものや、頭皮につきにくいヘッドの形が増えてきました。髪を傷めるリスクもないので、第二の白

髪対策として常備しておくと安心です。

うまく色がつかないと思ったら、塗る場所の毛束を少し持ち上げて、**毛の表側だけでなく裏側からも塗り、360度きちんと触れるようにする**とうまくいきます。

色選びで迷った場合は、コンシーラーに限っては**暗いほうを選んでもOKです。**部分的に使うのなら、しっかり色がついたほうが安心できるからです。

白髪の量が少ない・生え際の白髪・アホ毛など

生え際の白髪には一気に塗ろうとせず、**毛の一本一本につける意識で、繊細なタッチで色付かせようと思えば失敗しません。**また、塗りたい部分の毛束を持ち上げてつければ、頭皮につくのを回避できます。

①マスカラタイプ

ベタッとつきやすく、これまで使い方が難しかったマスカラタイプですが、ブラシの間にスポンジが埋め込まれたタイプなら初心者でも束になりにくくて自然です。**コツは、ブラシを出したら、一度ティッシュに置いて余分な液体を落としてから塗ること**と、つけたい毛の部分を持ち上げて塗ること。なお、色が合っていれば眉用のアイブロウマスカラでも代用できます。

マスカラタイプ

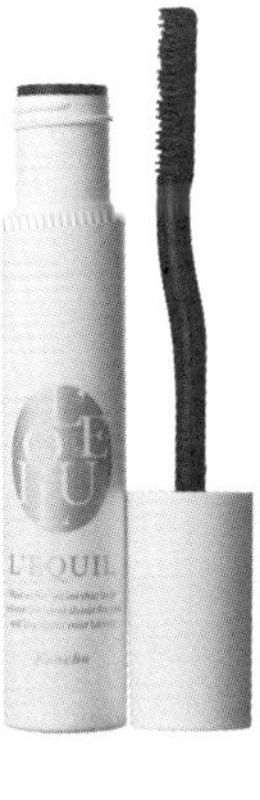

ベージュなど、おしゃれな色が揃う。つけたところがゴワつかないので、プロのヘアメイクさんにも人気。カネボウ化粧品 リクイール ヘアコンシーラー（全４色）10mℓ ￥2,000

幅約４センチのワイドなスポンジブラシで生え際の白髪が一気に消える。汗・水に強く、色落ちしにくい。花王 ブローネ ヘアマスカラ（全４色）12mℓ ￥780（参考価格）

②コーム型マーカータイプ

クシの目の間にサインペンのペン先がついているような形状。クシは頭皮にあたるけれど、ペン先はつかないようにできています。生え際向きですが、時間をかければ広範囲な場所や、分け目にも使えます。**これも、つけたい部分の毛束を持って、髪をピ**

ンと張ってつけるとうまくいきます。

白髪の量が多い・一か所集中・分け目に多い

ヘアカラー後、数日経ったとき、分け目にみっしり見えてしまう白髪に向いているのは、ファンデーション系、ワックス系です。生え際に比べ、人の視線からやや遠い場所なので、多少、地肌についてもOKと割り切って使いましょう。

①ファンデーションタイプ

コーム型マーカータイプ

ペン先の数が多いので、何度もなぞらなくても素早くカバーできる。ポーラ グローイングショット カラークイックブラシ（全２色）10mℓ ￥2,400

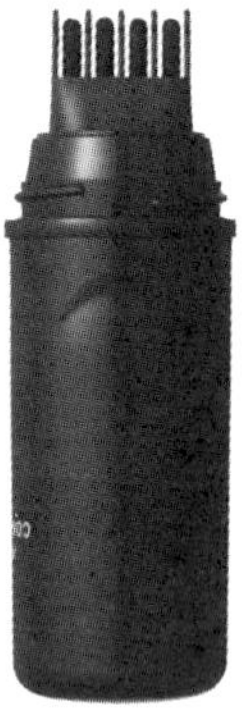

テカテカしすぎない質感で、仕上がりが自然。アリミノ カラーストーリー i プライム ポイントコンシーラー（全３色）10mℓ ￥1,800

最近とても進化したのがこのタイプ。粘度のある「エマルジョン」といわれる質感ですが、**つけた瞬間、水分が飛び、後はサラサラになります。**汗をかいてもベタつきにくくなりました。広範囲を一気にカバーするのに最適です。

②カラーワックス

スタイリングワックスに色が付いたもので、これを指先につけて毛束をつまんで筋状

カラーワックス

色はブロンド、ネイビー、ボルドー、ピンクの4色展開。白髪カバーにおすすめなのはブロンドかボルドー。FIVEISM×THREE ステイ トゥギャザー カラーワックス（全4色）50g ￥3,800

ファンデーションタイプ

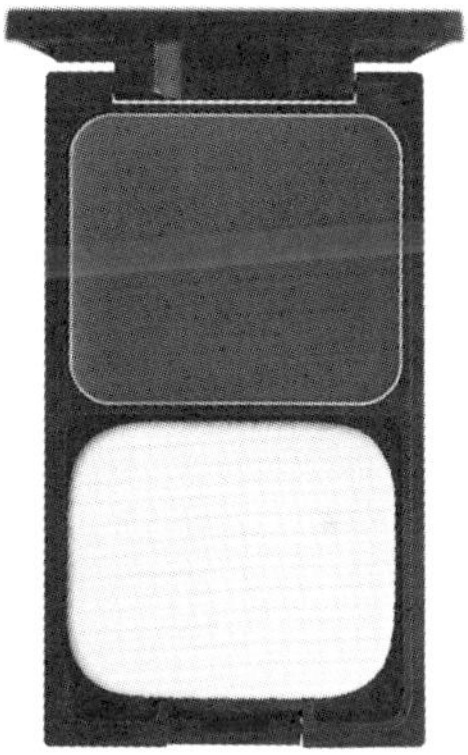

アッシュ系カラーの人にも、とてもなじみのいい色。乾いた後にドライになる質感。ビューティーエクスペリエンス THROW ヘアカラーコンシーラー（全2色）￥2,800

ポーチに常備しておくのに便利なミニサイズ。付属のハケは生え際にも使いやすい。ナチュラル成分もうれしい。山田養蜂場 RJ クイックヘアファンデ（全3色）￥2,500

につけると、まるでハイライトを入れたかのようになります。本来は男性のおしゃれ用ですが、白髪カバーにも使える新感覚のヘアコスメです。

番外編　生え際が薄い寂しさをこれでカバー

生え際は白髪と同時に、薄毛も気になるところ。**擬似的な「影」を作ると、後退した感じが払拭し、髪の寂しさが目立たなくなります。**白髪用ではないので白髪はあまり隠れませんが、併用すると若々しい印象になり、小顔に見えます。

生え際に影を作る

スポンジに取って、生え際に滑らかなラインを描くようにのせると、毛が生えているような自然な「影」ができる。汗にも強いパウダー。フジコ dekoシャドウ ￥1,650

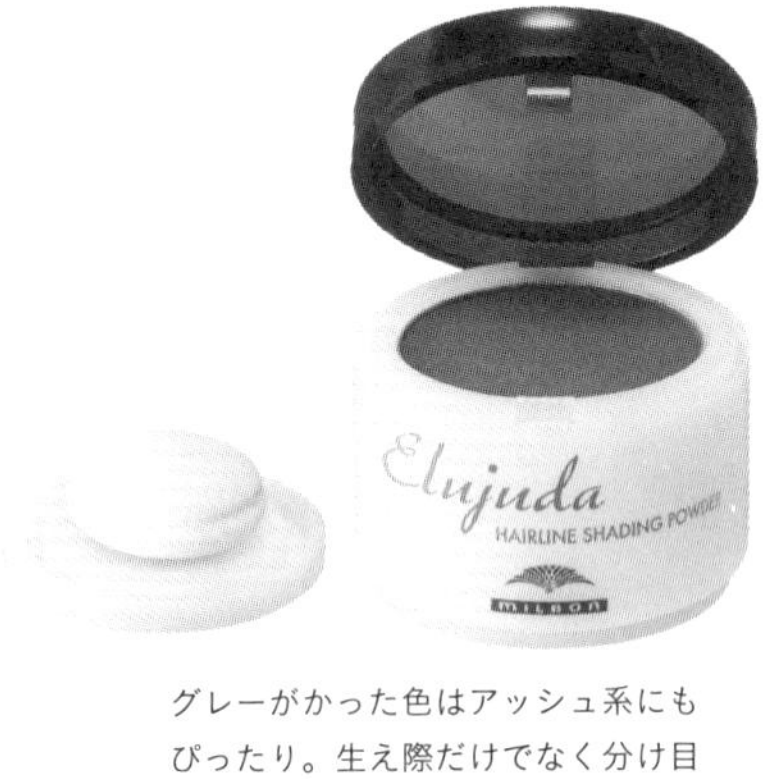

グレーがかった色はアッシュ系にもぴったり。生え際だけでなく分け目にも。ミルボン エルジューダ ヘアライン シェーディング パウダー（美容院専売品）￥2,200

ブラッシングをすればマッサージになる

頭皮マッサージで、白髪予防・育毛・代謝アップ効果も！

私が幼かった頃、ブラッシングは大切なヘアケアでした。母が愛用していた「ブラッシングケア」（花王。現在も「リーゼ」ブランドから発売中）をシューッと髪にスプレーして、髪をとかしてからお出かけするのが、うれしかったのを覚えています。

ところが、1980年代後半頃、ソバージュヘアが流行したあたりから、**ブラッシングは「パーマがダレる」「摩擦で傷む」と嫌われてしまいます。**以来、ブラッシングにはどこか「傷む」イメージがつきまとってしまったようです。

日本には古くからクシの文化があるように、**髪をとかすことは日本女性の美容の原点**です。もつれた髪を無理やり引っ張ったら確かに傷みますが、スタイリング剤などがなかった時代は、頭皮の皮脂を毛先までなじませることで、ツヤを保っていました。

ブラッシングのメリットは髪だけでなく、頭皮マッサージにもなることです。頭皮マッサージとは、**頭皮の筋肉を動かして血流を促すことで、ブラッシングにも同じ効果が見込めます。**頭皮下にある、側頭筋・後頭筋・前頭筋という3つの筋肉に働きかけると、筋肉の上を走る太い血管の血流が促されます。すると、筋肉のない頭頂の毛細血管の隅々にまで血流を行き渡らせることができます。髪は「血余」、血のめぐりは髪の命綱。白髪予防にも育毛にも効果的です。

そんな私も、きちんとブラッシングを始めたのは雑誌の取材でブラッシングのエキスパートにお会いしてからです。それ以来、髪の立ち上がりもツヤもわかりやすいほど変わり、人に髪

頭皮下にある3つの筋肉

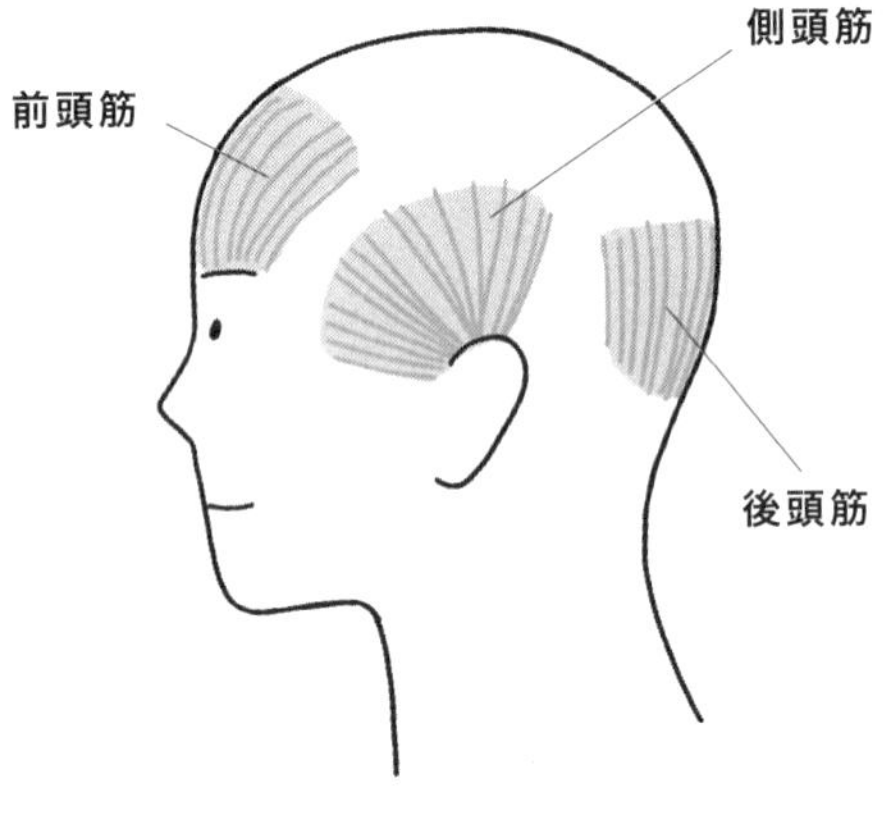

を褒められる回数が増えました。髪の健康度は、このブラッシングによるところがとても大きい、と実感しています。

マッサージというとつい力んでしまい、頭皮に余計な負担を与えたり、傷つけたりすることもあります。ブラッシングなら、必要なのは質のよいやわらかなブラシ一本。頭皮全体を適度に刺激すれば、代謝も上がって肩こりだって楽になります。

マッサージ効果を目ざすブラッシングの4つのポイント

①朝と夜の1日2回

もちろん、それ以外の時間でもやりたくなったらいつでも！　デスク、お風呂場の中、リビングと数か所にブラシを置いておくのがおすすめです。

②朝は、目覚めてすぐ

朝目覚めたら、すぐのブラッシングがおすすめ。ブラシのピン一本一本が頭皮に触れていくごとに、ボーッとした頭がシャキッと目覚めます。

③夜は、髪を洗う前のタイミング

頭皮の汚れを浮き上がらせるので、シャンプー前は絶好のタイミング。髪の絡まりを解き、洗う前の準備にもなります。

④とかす方向は、基本下から上！

まず頭頂の真ん中にブラシを置いて、軽く前後左右に揺らします。体全体の不調を整える「百会《ひゃくえ》」というツボを刺激して全身を緩めたら、**お辞儀をしてポニーテールを作るように下から上へと、全方向から頭頂に向かってとかします。**特に、**耳上からの方向は副交感神経を刺激します。**効かせる場所はあくまで頭皮なので、**髪が長かったら毛先までブラシを通さなくてOK。**いつも重

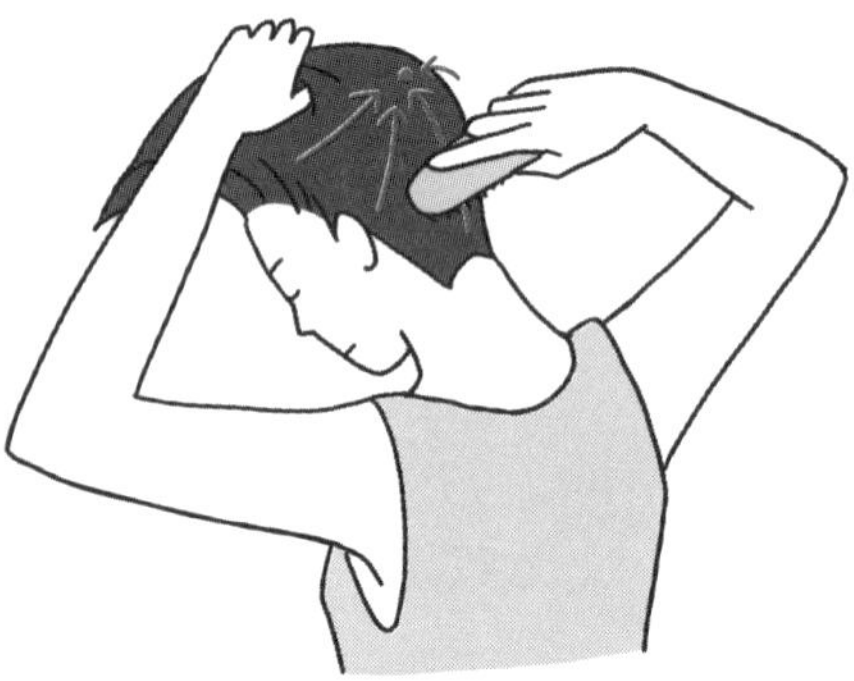

ブラッシングは下から上へ

百会を刺激

力で下向きになっている毛穴を緩めて、血流を逆流させるように意識して。最後は姿勢を戻し、**頭頂部全体にバッテンを描くように右の前から左側の後ろへ、左の前から右側の後ろへ**と斜めに動かして終了。頭がポカポカになります。

最後は頭頂部全体を

マッサージ効果で選びたい、優秀ブラシ

頭皮マッサージ用のブラシは、**10回くらいとかしても頭皮が痛みを感じないやわらかな**

頭皮マッサージ用のブラシ

ツヤとまとまりが出る獣毛系ブラシ。これは豚毛でツヤを出し、ナイロン毛でマッサージ効果が得られる。下からのブラッシングでゴージャスなボリューム感に。アルペンローゼ ラ・カスタ ヘッドスパブラシ ￥3,000

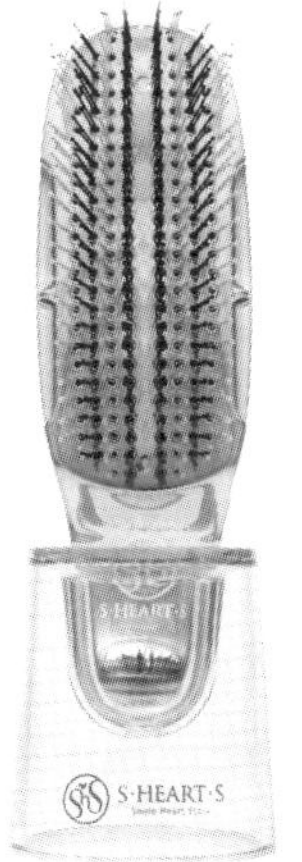

とにかく肌あたりがやわらかい。長いピンと短いピンの間を髪が通るとキューティクルも引き締まる。ブラシを立てて置けるスタンド付き。エス・ハート・エス スカルプブラシ ワールドモデル（ショート） ￥5,500

もので、ピンが密になっているものを選びます。頭皮に与える「刺激」とは痛みではなく、繊細に揺らすことです。大事な頭皮に小さな傷や炎症を作ったり、乾燥させたり、ヘアカラーがしみる原因を作ったりしないよう、肌あたりの硬いブラシは避けましょう。

おすすめの美容院は、頭皮の状態を見せてくれるところ

マイクロスコープでチェックしたい、頭皮の透明感

ここ最近、40～60代の女性客が多い美容院やヘッドスパメニューのある美容院で、**頭皮の状態を見られるマイクロスコープを置いているところが増えてきました。**以前なら育毛サロンにしかなかったこの機器が、美容院の端末やスマホでも見られます。もしこれから美容院を選ぶのなら、頭皮を見せてくれるところがおすすめです。

なぜこのマイクロスコープが必要かというと、**自分の頭皮の状態を正確に把握して白髪や薄毛対策を立てることが、美髪を育てる近道だからです。**

健康で元気な頭皮は、青白くて透明感があります。**40～60代の場合、青まではいかなくても、透明感のある白ならＯＫ。**透明感のない白は、乾燥してフケっぽくなって

いることがあります。そういうときは、ヘアカラーやシャンプーが刺激になる可能性も高いです。寝不足で黄色になっていたり、血行不良で茶色になっていたりすることもあります。赤みが出ていたら頭皮が敏感傾向。ヘアカラーがしみたり、薄毛の危機に直面しているかもしれません。こんなにいろいろなことを教えてくれるのですから、見えるチャンスをみすみす逃してはもったいないのです。

美容院に行くたびに頭皮チェックをすると、自分でもその違いがわかってきて意識が変わります。**皮脂が詰まりやすい**

自分の頭皮をチェックしよう

ところは、シャンプーの泡をしっかり届けようとか、赤くなっていたから少しケアをお休みしよう……など。

今まで通りに白髪を染め続けていいのか……？　そのモヤモヤの答えは、今の自分の頭皮の状態にあります。まずは自分の頭皮を直視することが、髪と頭皮の健康を保つ第一歩になるはずです。

第5章まとめ

- ▼栄養・運動・睡眠・ストレス対策。少しの意識で、白髪&薄毛予防に。
- ▼シャンプー、ドライ、ブラッシングはコツを押さえて、頭皮ケアを。

おわりに

ステイホームの時間が増えて、家で多くの時間を過ごすことになった私たち。今までの白髪ケアを見直そうという人が増えているように感じます。

「このまま、髪を染め続けていいのでしょうか？」

「髪質が変わってきたのは年齢だから仕方がないのでしょうか？」

ここ数年、40代以上の女性たちからの、漠然とした不安の声を聞いてきました。私自身も変化していく髪と向き合うたびに、「本当に必要なことはなんだろうか」と毎日のように考え続けてきました。

取材を重ねていくなかで見えてきたのは、今の髪をきれいにするために、未来の髪の寿命を前借りすることになってはいけない、ということです。そうならないために、現在の白髪ケアの問題点と対処法が、わかりやすく、体系的に書かれた本があってもいいのではないかと思い、本書の制作に至りました。

私たち日本の女性は、身だしなみにはとても気を遣います。白髪を染めることは、もはや生活の一部にもなっています。

身だしなみである一方、髪を美しく保つことは幸せでもあります。美容院の帰り道は、きれいな髪になったことで足取りも軽く、心も満たされます。人からきれいだね、と褒められると年齢に関係なくうれしくなります。だから、しみても、かゆくても傷んでも我慢して、白髪と追いかけっこのように染め続けてしまう……。

そんな我慢の白髪ケアを続けていれば、人生100年時代の半ばにして、きれいになるという幸せを手放す可能性があり、未来の髪の美しさの寿命を縮めることにもつながりかねません。それこそ、この本のタイトルにある「やばい白髪ケア」なのです。

では、「いい白髪ケア」とは何でしょうか？

頭皮は顔の肌と同じ、体の一部だと忘れないこと。人まかせにせず、自分自身が視野を広げて、世の中の白髪ケアの選択肢を幅広く知ることなのだと思います。

白髪ケアは、自分の意思で選べるものです。顔につける化粧品と同じ気持ちで自分の目で選んでみてください。選び方と続け方次第で、末長く、きれいな髪でいられるはずです。お金をたくさんかけた人が、いちばんきれいになるわけではありません。むしろ、輝き続けられるのは、その人の肌やライフスタイルに合った、持続可能な方法を見つけた人なのだと思います。

白髪ケアは日々進化しています。根本的に白髪を黒く戻す研究や、今までとは全く異なる染毛方法のヘアカラー技術も進んでいるようです。これからもきっと新たな選択肢は増えていくに違いありません。

本書を読んでくださったみなさんが、自分にとって最適な白髪とのつきあい方を見つけて、いつまでも髪と自分に自信がもてる幸せな人生を手に入れられますように。いつでも、いくつになっても「髪は女の命」なのですから。

２０２０年10月　伊熊奈美

●参考文献
『あたらしい皮膚科学』第3版 清水宏著・中山書店
『新・ヘアサイエンス』第二版 本田光芳監修・公益社団法人 日本毛髪科学協会
『実験医学』vol.35「色素幹細胞、毛包幹細胞のエイジングと白髪・脱毛」西村栄美・羊土社
『きほんの毛髪科学』ルベル／タカラベルモント株式会社監修・女性モード社
『やさしくわかる！ 毛髪医療最前線』毛髪医療特別取材班著・朝日新聞出版
『神秘の植物 ヘナ』中西洋子著・一般社団法人 自然ヘナ・シロダーラ研究会
『東大医師が教える 最強の育毛革命』田路めぐみ著・集英社

●参考サイト
アデランス 研究開発サイト https://www.aderans.co.jp/corporate/rd/
ホーユー https://www.hoyu.co.jp
日本ヘアカラー工業会 https://www.jhcia.org

●参考データ・リリース
第1章
「髪のアンチエイジングケアに関する意識調査」（アデランス）
https://www.aderans.co.jp/news/detail/150916_02.html
「ヘアケアに関する意識調査」（アデランス）
https://www.aderans.co.jp/news/detail/170919_01.html
「女性の白髪に関する意識と実態調査」（ウエラ／ HFCプレステージ ジャパン合同会社）
https://kyodonewsprwire.jp/prwfile/release/M104780/201801180017/_prw_PR1fl_ZY8PZ50L.pdf
「あなたはどれくらい白髪がありますか？」（花王）
https://www.kao.co.jp/blaune/point/01/
第2章
厚生労働省ホームページ「毛染めによる皮膚障害」
https://www.mhlw.go.jp/stf/seisakunitsuite/bunya/0000124268.html
政府広報オンライン「ヘアカラーによる『かぶれ』に要注意！ アレルギーが突然発症することも。」
https://www.gov-online.go.jp/useful/article/201905/2.html
第3章
「あなたは、普段ヘアカラーをどこでしていらっしゃいますか。」
全国理美容製造者協会2018年サロンユーザー調査
https://www.nba.gr.jp/research/pdf/data_2018.pdf
第5章
ポーラ
「運動する人は、肌のバリア機能が高いことを発見」
https://www.pola.co.jp/company/pressrelease/un1llu0000008pc7-att/po20200409.pdf

撮影にご協力いただいた美容院

フェミニンなスタイルと
ヘアケアが評判の大人の隠れ家

**ベルベット
オン ザ ビーチ**

東京都渋谷区神宮前5-5-3
メゾン・ダルブル1F ☎03-3486-5620
https://www.beach-glc.jp/velvet/

ヘア、ネイル、ヘッドスパの
トータルビューティサロン

**ウカ 東京ミッドタウン
六本木**

東京都港区赤坂 9-7-4 東京ミッドタウン
ガレリア 2F ☎03-5413-7236
https://www.uka.co.jp

フレッシュなオリジナルヘナを
今の感覚でデザインする

コロリエ 表参道店

東京都渋谷区神宮前6-10-8
原宿NAビル5F ☎03-5962-7500
https://www.hennasalon-colorier.com

女優やモデルに愛される
ヘア&頭皮ケアの老舗サロン

**メディカル ヘアケア
サロン・ド・リジュー**

東京都港区南麻布5-15-9
バルビゾン70番館2階 ☎03-5793-3359
https://www.salon-de-rejue.com

ヘナの輸入販売元の老舗が
運営する直営サロン

ジャパンヘナサロン

東京都渋谷区恵比寿南1-11-19
中島ビル1F ☎03-3794-6993
http://j-henna.com/salon.html

卓越したカット技術とセンスで
美容のプロも信頼する

ロージ

東京都港区南青山3-10-32
Aoyama Morita bldg1F ☎03-6804-6082
http://www.rougy.jp

商品のお問い合わせ先

アヴェダ ☎0570-003-770

アクセーヌ カスタマーセンター
0120-120-783

アデランス 0120-05-1960

アトリエ ソウ www.sou-okinawa.com

アマトラ ☎03-6228-5685

アラミック ☎072-728-5150

アリミノ ☎03-3363-8211

アルペンローゼ(ラ・カスタ)
0120-887-572

イオンレーヴコスメ(イヴ・ロシェ)
0120-937-608

ITRIM〈イトリン〉 0120-151-106

エステシモ／タカラベルモント
0120-537-060

エステプロ・ラボ 0120-911-854

エス・ハート・エス ☎06-6346-5014

えそらフォレスト(HANAオーガニック)
0120-052986

MTG 0120-467-222

花王(リライズ／ブローネ)
0120-165-692

カネボウ化粧品 0120-518-520

グリーンノート ☎03-3366-9701

コーセー 0120-526-311

コーセープロビジョン 0120-018-755

コロリエ
https://www.hennasalon-colorier.com

Koh Gen Do 0120-700-710

サニープレイス(輝髪ペインター)
☎03-3866-7516

資生堂プロフェッショナル
0120-81-4710

ジャパンヘナ ☎03-3794-6992

スヴェンソン レフィーネカスタマーサポート
0120-212-039

ダリヤ(アンナドンナ) ☎052-950-7133

ナプラ 0120-189-720

ナンバースリー(ヒュウ カラー)
0120-768-003

ネイチャーラボ 0120-234-623

ハホニコ ハッピーライフ
0120-8025-11

P&Gお客様相談室 ☎0120-021327

ピエール ファーブル デルモ・
コスメティック ジャポン(ルネ フルトレール)
0120-638-344

バイエル薬品 お問い合わせ窓口
0120-415-128

ビューティーエクスペリエンス
☎03-6757-7767

FIVEISM × THREE 0120-330-019

フジコお客様相談室 0120-91-3836

ヘナサロンMA
http://hennasalon-ma.com

ホーユーお客様相談室 0120-416-229

ポーラお客さま相談室 0120-117-111

三上(ナチュラルコスモ) ☎072-224-0210

ミルボン お客様窓口 0120-658-894

メロス コスメティックス 0120-828-561

ヤーマン 0120-776-282

山田養蜂場 化粧品窓口 0120-83-2222

ルベル／タカラベルモント(ルビオナ)
0120-00-2831

＊商品の価格はすべて税抜き価格です。
＊本書に記載されている情報は、
2020年10月現在のものです。商品の価格や
仕様などは変更になる場合もあります。

伊熊奈美 *Nami Ikuma*

美容ジャーナリスト。日本毛髪科学協会 毛髪診断士・認定講師、国際毛髪皮膚科学研究所 毛髪技能士。1972年 静岡県浜松市生まれ。地元タウン誌の編集記者、女性誌編集部の美容担当などを経て、フリーランスに。以来20年以上、「女性のリアルな生活に活かせること」をモットーに、スキンケア、ヘアメイクなど、見た目づくりから医療分野まで幅広く企画・取材。特に毛髪科学分野とヘアケアに精通し、雑誌、新聞、WEB媒体にて執筆中。今までに約2万点以上の化粧品や美容関連アイテムに触れてきた目利きとしても信頼を得ている。美容関連企業のコンサルティング、講演活動も行う。
Instagram @namiikuma_hairista
大人女性の美髪情報サイト
HAIRISTA http://hairista.jp

デザイン／スズキのデザイン
イラスト／伊藤美樹
撮影／玉置順子・
藤井マルセル（t.cube）、
黒石あみ
ヘア&メイク／広瀬あつこ、
藤本希（cheek one）
モデル／今村佳代子、上井結城、
茅野直緒美、酒井万記子、
佐々木友美、高田晴代、
筒井華子、七澤由佳、日高久美子
編集協力／端山之乃
DTP／昭和ブライト
校正／玄冬書林
制作／遠山礼子・星一枝
販売／椎名靖子
宣伝／野中千織
編集／益田史子

頭皮がしみる、かゆいは
危険信号！

いい白髪ケア、やばい白髪ケア

2020年11月2日 初版第1刷発行

著者 伊熊奈美
発行人 小澤洋美
発行所 株式会社 小学館
〒101-8001
東京都千代田区一ツ橋 2-3-1
電話（編集）03-3230-5192
（販売）03-5281-3555
印刷所 共同印刷株式会社
製本所 牧製本印刷株式会社

Printed in Japan ISBN978-4-09-310660-3